14살에 시작하는
처음 심리학

14살에 시작하는

처음 심리학 1

1판 1쇄 발행일 2016년 10월 7일 • **1판 11쇄 발행일** 2023년 4월 10일
글쓴이 정재윤 • **펴낸곳** (주)도서출판 북멘토 • **펴낸이** 김태완
편집주간 이은아 • **편집** 김경란, 조정우 • **디자인** 안상준 • **마케팅** 이상현, 민지원, 염승연
출판등록 제6-800호(2006. 6. 13.)
주소 03990 서울시 마포구 월드컵북로6길 69(연남동 567-11) IK빌딩 3층
전화 02-332-4885 **팩스** 02-6021-4885

bookmentorbooks.co.kr   bookmentorbooks@hanmail.net
bookmentorbooks__   bookmentorbooks

ⓒ 정재윤, 2016

ISBN 978-89-6319-191-1 43100

「이 도서의 국립중앙도서관 출판예정도서목록(CIP)은 서지정보유통지원시스템 홈페이지(http://seoji.nl.go.kr)와 국가자
료공동목록시스템(http://www.nl.go.kr/kolisnet)에서 이용하실 수 있습니다.(CIP제어번호: CIP2016021429)」

14살에 처음 시작하는 심리학

청소년을 위한

생활밀착형 심리 교과서

정재윤 지음

북멘토

나와 타인을 이해하는
색다른 방법

"미친 거 아니야?"

"정말이지 이해가 안 되네."

누군가, 나라면 절대 그렇게 하지 않았을 행동을 했을 때 우리가 흔히 하는 말이다.

우리는 우리가 상식적으로 생각하고 합리적으로 행동한다고 믿는다. 누구나 이해할 수 있고 누구나 받아들일 수 있게 생각하고 행동한다고 믿고 산다. 그러나 과연 그럴까?

그렇다면 우리는 왜 중요한 시험 전날에도 스마트폰만 들여다보고 있을까? 살이 찔 걸 알면서도 피자와 햄버거에는 왜 자꾸 손이 갈까? 나쁜 남자 친구와 왜 헤어지지 못할까? 후회할 줄 알면서도 왜 담배를 피울까?

조금만 생각해 보면 알 수 있다. 우리는 그다지 합리적이지 못하다. 합리적으로 행동해야 한다고 생각하면서도 합리적으로 행동하지 않으므로 그만큼 더 비합리적이다. 사람은 합리적이기는커녕 이상한 존재이다.

하지만 사람들이 비합리적으로 행동하는 데에도 이유가 있다. 비합리적일 수밖에 없는 아주 합리적인 이유가 있다. 사람들은 왜 이렇게 생각하고 또 왜 저렇게 행동하는지, 그 이유를 연구하는 학문이 바로 '심리학'이다. 이상하게 행동하는 사람들의 심리가 도대체 무엇인지 이해해 보려고 하는 학문이 바로 '심리학'이다. 결국 심리학이란 인간의 행동에 대해 연구하는 학문이다. 그러므로 심리학의 역사는 인간의 역사만큼이나 오래되었다.

과거에 비해 요즘은 과학적인 연구 방법이 많이 개발되었다. 어떤 사람 혹은 집단의 행동에 의문이 간다 싶으면 심리학자들은 그와 비슷한 상황을 만들어 놓고 이런저런 실험을 해 본다. 그리고 실험 결과를 바탕으로 사람들이 왜 그런 이상한 행동을 했는지 이런저런 해석을 내놓는다. 오늘날 심리학자들은 인간의 행동에 대해 예전보다 훨씬 더 잘 이해하게 되었다. 이해한 것을 바탕으로 좀 더 합리적으로 행동하는 방법을 우리에게 알려 줄 수도 있게 되었다.

이 책은 우리가 일상생활에서 겪을 수 있는 여러 사례를 통해 심리학의 기본 지식들을 알기 쉽게 정리한 책이다. 의문점을 제시하고 그에 대한 설명과 해석을 해 놓았으며 그와 관련된 심리 실험들을 소개했다. 어떻게 하면 우리가 현명하게 생각할 수 있을지 해결책도 함께 제시해 두었다.

자신과 타인을 좀 더 잘 이해하고, 좀 더 합리적으로 생각하고 행동하는 사람이 되고자 하는 여러분에게 이 책이 조금이나마 도움이 되길 바란다.

2016년 가을
정재윤

차례

제 1 장

착각에 빠져 사는 우리

제 2 장

아무리 노력해도 오류에 빠지는 우리

제 3 장

상황이 나를 움직인다

제 4 장

잘못된 습관,
잘못된 사고

제 5 장

이상야릇한
우리의 심리

제 1 장

착각에 빠져 사는 우리

우리가 무엇을 보았는지, 무슨 소리를 들었는지, 우리는 정확히 말할 수 있을까? 우리는 우리의 그 믿음을 온전히 믿어도 괜찮은 걸까? 무슨 그런 당연한 질문을 하느냐고? 우리 스스로를 믿지 못한다면 어떤 문제에 부딪쳤을 때 해결책은 어떻게 찾으며, 또 우리가 내린 결론이 올바른 것인지 어떻게 믿을 수 있느냐고? 맞다. 우리 스스로를 믿지 못하면 우리는 어떠한 판단과 행위도 할 수 없을 것이다. 따라서 우리는 우리 스스로를 믿는다. 우리의 지성과 의지와 판단력을 믿는다. 하지만 그런 믿음은 종종 우리를 배신한다. 그래서 우리는 우리가 얼마나 큰 착각에 빠져 사는지 깨달을 때마다 경악을 금치 못한다.

빤히 눈 뜨고도
못 보다니

"아, 그거? 내가 이따 집에 가서 메일로 보내 줄게."

현이가 상담소 안으로 들어섰다. 방통은 인사를 건네려 오른손을 번쩍 들었다가 현이가 전화 통화하는 모습을 보고 슬쩍 내렸다.

"그래그래. 알았어. 저녁에…… 응, 안녕."

"바쁘구나?"

방통이 다시 손을 들어 현이에게 인사했다. 현이는 신통의 조카 똘이 친구다.

"아, 친구가 저번에 놀러 가서 찍은 사진 좀 보내 달라고 해서요."

"그래. 얼른 앉아라. 똘이 만나러 왔니?"

현이가 막 대답하려는 순간 상담소 문이 벌컥 열렸다.

"야, 현이 너!"

똘이였다. 똘이는 씩씩거리며 현이에게 삿대질을 했다.

"너 사람을 보고도 왜 알은체를 안 해!"

"응? 그게 무슨 말이야? 내가 언제?"

똘이는 현이 맞은편 소파에 털썩 주저앉았다. 그러고는 어이가 없다는 듯이 현이 얼굴을 빤히 쳐다봤다.

"나 이쪽으로 걸어오는 거 너 봤잖아. 내가 손까지 흔들었는데."

"아니, 언제? 나 너 못 봤어."

"무슨 소리야. 너 전화하고 있었잖아. 내가 손을 흔드니까 너도 나를 봤어."

"아니, 못 봤다니까. 봤으면 나도 알은체를 했지 왜 안 해?"

"분명히 봤다니까!"

"그만, 그만. 잠깐만."

방통이 두 아이 앞에 레모네이드 두 잔을 내려놓았다. 똘이가 목이 탔는지 얼른 손을 뻗었다. 그러고는 한 모금 마시자마자 잔을 내려놓으며 다시 현이를 향해 소리를 질렀다. 기침을 해 대면서.

"콜록콜록, 아이고……. 너, 분명히 나 봤어. 거짓말하지 마."

"나 참. 내가 왜 거짓말을 해?"

현이도 인상을 쓰면서 잔으로 손을 뻗었다. 방통이 물었다.

"도대체 왜 그러니?"

똘이가 설명했다. 상담소 쪽으로 오는 현이를 보고 알은체했는데 분명히 자기를 보고도 못 본 체했다는 것.

"방통 삼촌, 어떻게 그럴 수가 있어?"

"내가 거짓말쟁이라고? 못 봤으니까 못 봤다고 하지. 이게 정말!"

방통이 얼른 두 아이를 말리고 나섰다.

"그거 이상하네. 하지만 현이가 거짓말할 이유도 없잖아? 보고도 못 볼 수 있나?"

방통이 고개를 갸우뚱하자 책상에 앉아서 잠자코 이들을 보고 있던 신통이 말했다.

"그럴 수도 있지."

신통이 노트북을 들고 아이들이 있는 탁자로 다가왔다.

"이거 한번 볼래?"

신통이 노트북 모니터에 동영상 하나를 재생시켰다.

"자, 지금부터 흰옷 입은 사람들이 농구공을 몇 번 주고받는지 잘 세어 봐!"

"이게 뭔데?"

똘이가 물었지만 신통은 아무 대답도 하지 않았다. 두 아이와 방통은 이마에 주름을 잡으면서 열심히 모니터를 들여다보았다.

30초쯤 지나자 화면이 검게 바뀌었다. 신통이 정지 버튼을 클릭

했다.

"열여섯 번인 거 같은데요……."

현이가 수그렸던 윗몸을 바로 펴면서 말했다.

"맞아. 열여섯 번! 분명해."

똘이도 이까짓 거 별거 아니라는 표정을 지었다.

"맞아. 열여섯 번이지."

신통이 잠시 뜸을 들였다.

"흠, 그런데 혹시 고릴라 봤니?"

"고릴라?"

"무슨 고릴라?"

"농구공을 패스하는 사람들 사이로 고릴라 한 마리가 지나갔잖아. 정확히는 고릴라 옷을 입은 사람이지. 가슴까지 쿵쾅쿵쾅 두드리던 걸."

"설마?"

"정말 고릴라가 있었단 말이야?"

두 아이와 방통이 눈을 동그랗게 떴다.

"다시 한 번 봐도 돼?"

똘이가 참지 못하고 물었다. 방통도 얼른 다시 돌려 보라고 했다.

신통은 다시 동영상을 재생했다.

"뭐야 이거? 아까랑 다른 동영상 아니야?"

"같은 동영상이야."

신통이 무표정하게 대답했다. 그럴 줄 알았다는 표정이었다.

"허, 어이가 없네."

현이와 똘이는 아예 자리에서 벌떡 일어섰다. 방통도 기가 막히다는 듯한 표정을 지었다.

"아니, 어떻게 이걸 못 볼 수가 있지?"

동영상이 끝나자 신통이 설명을 시작했다.

"신기하지? 이것은 1999년에 차브리스와 사이먼스라는 미국의 두 심리학자가 실험한 건데, 이 동영상을 본 사람들 중 절반 가까이가 고릴라를 못 봤다고 해."

"어떻게 그런 일이……?"

"패스를 몇 번 하는지 세는 데만 주의를 기울인 나머지 고릴라를 못 본 거지. 이처럼 주의를 한곳에 기울이고 있으면 주변에서 어떤 일이 일어나는지 모를 수도 있어."

"그것참."

똘이가 머리를 긁적였다. 두 아이는 다시 자리에 앉았다. 똘이가 뭔가 생각났다는 듯이 불쑥 입을 열었다.

"그럼, 현이도 딴생각하느라 나를 못 봤을 수도 있단 말이야?"

"딴생각이라기보다…… 아까 현이는 전화 통화를 하고 있었다고 했잖아. 통화하는 데에 신경 쓰느라 너를 못 보았을 수 있어. 패스에

1장 · 착각에 빠져 사는 우리

만 주의를 기울이다 고릴라를 못 본 것처럼."

"맞아. 그랬나 보다. 내가 거짓말쟁이가 아니라니까!"

현이가 소리쳤다.

"그래도 그렇지, 현이 너는 내 얼굴을 분명히 봤어!"

똘이는 아직도 이해가 안 가는 모양이었다.

"그래? 그럼 너, 아까 그 동영상에서 커튼 색깔 바뀌는 거 알아차렸니? 그리고 검은 옷 입은 선수 하나가 사라지는 것도?"

신통이 물었다.

"엥? 그런 일이 있었어?"

똘이는 마우스를 집어 들더니 다시 동영상을 재생했다. 처음에는 빨간색이었던 커튼이 점점 주황색으로 바뀌고 있었다. 그리고 어느 틈엔가 검은 옷을 입은 선수 한 명은 사라지고 보이지 않았다.

"어? 이게 어떻게 된 거야? 뭐 이래?"

똘이가 주위를 둘러보았다. 어리둥절한 표정으로.

"아주 재미있네. 보고도 못 보다니. 나도 몰랐는데."

방통도 고개를 절레절레 흔들었다.

"우리는 바로 눈앞에서 어떤 것이 바뀌더라도 잘 알아채지 못할 때가 많아."

신통이 말했다.

"그러니까 뭐야? 우리의 주의력이 어떤 것에 집중되어 있으면 그

주변의 다른 것들은 보지 못한다 이거지?"

방통의 말에 신통이 고개를 끄덕였다.

"응, '주의력 착각'의 일종이지. 주의를 기울이지 않아서 보지 못한다는 뜻으로, '무주의 맹시'라고도 해. 주변의 다른 것들, 특히 우리가 기대하지 않은 것들은 보고도 알아차리지 못하는 경우가 많아. 농구장에 고릴라가 나타날 것이라고 누가 기대했겠어?"

"그럼, 커튼 색깔이 바뀌는 것을 알아차리지 못한 것은 뭐야?"

"그건 변화를 알아차리지 못한다는 뜻에서 '변화 맹시'라고 해. 왜, 우리 얼마 전에 이 앞 분식집이 일식집으로 바뀐 것도 모르고 국수 먹으러 갔다가 돌아온 적 있잖아?"

"맞아. 일식집으로 바뀐 지 열흘이나 됐다고 해서 우리 둘 다 깜짝 놀랐지. 날마다 이 앞으로 지나다니면서도 몰랐으니까."

"그러게 말이야."

"얼른 가자!"

갑자기 똘이가 벌떡 일어섰다. 현이도 일어섰다.

"게임하러 가니?"

"응, 오늘은 내가 이길 거 같아. 주의력이 좋아진 거 같거든."

똘이 말에 현이가 혀를 쏙 빼물었다.

"어림도 없지!"

두 아이는 상담소 밖으로 바람같이 사라졌다.

1장 · 착각에 빠져 사는 우리

주의력 착각

'투명 고릴라 실험' 동영상은 시작에 앞서 한 가지 미션을 던진다. '흰옷 입은 사람들이 공을 주고받는 횟수를 세어 보시오.' 곧이어 흰옷과 검은 옷을 입은 사람 여럿이 뒤엉켜 공을 주고받는다. 나도 처음에 눈을 부릅뜨고 화면을 노려보면서 패스 횟수를 세었다. 그러고는 어렵지 않게 정답을 맞혔다.

그런데 차브리스와 사이먼스는 갑자기 엉뚱한 질문을 던진다. 동영상 속에서 고릴라를 보았냐고. 실험 참가자 수의 50퍼센트 가까이가 못 보았고 나도 물론 못 보았다. 이처럼 **바로 눈앞에 있더라도 주의를 기울이지 않으면 우리는 가끔 보지 못한다.** 이것을 '**무주의 맹시**'라고 한다.

우리가 어떤 과제를 수행하기 위해서는 그 과제에 집중할 필요가 있고, 다른 것에 주의를 빼앗기지 말아야 한다. 그러므로 무주의 맹시는 주어진 목표에 충실할 수 있도록 돕는 유용한 능력이라고도 할 수 있다. 그러나 동시에 많은 착각과 그릇된 판단, 때로는 치명적 사고를 불러일으키는 요인이 되기도 한다.

2001년 2월 9일에 있었던 미국의 핵잠수함 그린빌호 사고는 주의력 착각의 위험성을 잘 보여 준다. 당시 그린빌호에는 워들 사령관과 승무원 말고도 국회의원과 대기업 임원들, 그리고 유명 방송인들이 타고 있었다. 워들 사령관이 사회 지도층 인사들에게 그린빌호의 우수성을 보이고 싶어서 마련한 자리였다.

먼저, 잠수 상태에서 수면 위로 급히 부상하는 시범을 보일 때였다. 워들 사령관이 긴급 상승 명령을 내리자 그린빌호가 부력 탱크에 든 물을 고압으로 쏟아 내며 수면으로 급상승했다. 그 순간 엄청난 굉음이 울리며 잠수함이 크게 흔들렸다. 워들 사령관이 말했다.

"맙소사! 도대체 위에 뭐가 있나?"

급히 떠오르던 잠수함 바로 위에는 일본 어선이 한 척 있었다. 어선은 두 동강이 났고 9명이 죽었다. 최첨단 음파탐지기를 갖춘 현대식 잠수함이 어떻게 길이 60미터에 달하는 큰 배를 발견하지 못했을까?

사고 보고서에는 민간인들 때문에 주위가 산만했다는 등 몇 가지 이유가 적혀 있었지만, 워들 사령관을 비롯한 여러 장교가 잠망경으로 일본 어선이 있는 방향을 보았으면서도 정작 일본 어선 자체는 보지 못했다고 적혀 있었다.

그들은 배를 찾고 있지도 않았고, 배가 있을 거라고 생각하지도 않았다. 우리는 이제 이것이 무주의 맹시 때문이라는 것을 안다.

무주의 맹시와 비슷한 현상이 '**변화 맹시**'이다. **주변 상황이 확연히 달라졌는데도 이를 알아차리지 못하는 것**이다. 주의를 기울이지 않으면 바로 앞에 있던 사람이 바뀌어도 알아차리지 못하고, 탁자에 놓여 있던 접시가 다른 접시로 바뀌어도 알아차리지 못할 수 있다. 그러니 남자 친구가 자기 머리 모양이 바뀐 것을 몰라본다고 해서 너무 서운해할 일은 아니다. 남자 친구는 여자 친구의 눈을 바라보느라 변화 맹시를 겪는 것일지도 모르는 일이다.

우리가 실제로 주의를 집중할 수 있는 대상은 얼마 되지 않는다. 그런데도 우리는 그보다 훨씬 많은 것들에 주의를 집중할 수 있을 거라고 믿는다. 이것은 잘못된 믿음이다. 우리는 한 번에 한 가지 일에만 집중할 수 있다고 믿는 것이 낫다. 그것이 바로 집중의 참다운 뜻이니까. 음악을 들어야 공부가 더 잘된다거나, 게임을 하면서도 친구의 이야기를 잘 들어 줄 수 있다고 믿는다면 다시 한 번 생각해 보는 것이 좋겠다.

일상 속 착각과 오해, 『보이지 않는 고릴라』 -------------------------

우리의 상식을 완전히 뒤엎은 '투명 고릴라 실험'은 심리학 분야에서 가장 유명하고 흥미로운 연구로 꼽힌다. 이 실험은 심리학뿐만 아니라 다른 여러 분야에서도 엄청난 반응을 불러일으켰다. 신문과 잡지, 텔레비전 프로그램에 소개되었을 뿐만 아니라 다큐멘터리로도 만들어지고, 연극의 소재가 되기도 했으며, 심지어는 유명한 미국 드라마 〈CSI 시리즈〉에도 이 실험에 관한 이야기가 나온다.

실험이 유명해지자 차브리스와 사이먼스는 『보이지 않는 고릴라』라는 심리교양서를 출간하였다. 우리가 일상에서 흔히 빠지는 착각들에 대해 재미있게 설명하고, 이런 착각에 빠지지 않기 위한 방법들을 상세하게 알려 주는 책이다.

2004년, 두 사람은 투명 고릴라 실험 덕분에 기발한 연구 성과를 낸 학자에게 수여하는 이그노벨상을 받았다.

크리스토퍼 차브리스, 대니얼 사이먼스, 김명철 옮김, 『보이지 않는 고릴라』, 김영사, 2011.

1장 · 착각에 빠져 사는 우리

① - ②

자신감 넘치는 사람이 능력도 좋다?

"짜장면 시키신 분!"

상담소 문을 활기차게 열어젖히고 철가방부터 들이미는 동수 씨.

언제나 명랑하고 씩씩하다. 날마다 근력 운동을 게을리하지 않는다는 동수 씨는 근육 자랑을 하느라 그런지 늘 민소매 차림이다.

"단무지 많이 가져왔어요, 카수 씨?"

방통이 마실 물을 챙기며 물었다. 이 동네에서 동수 씨는 '카수'로 불린다. 지금은 짜장면 배달을 하고 있지만 언젠가는 멋진 가수가 되는 것이 동수 씨의 꿈이다. 그만큼 노래를 잘하느냐 하면 그건 별개의 문제다.

"예, 여기 대령했습니다."

카수 씨는 익숙한 솜씨로 탁자 위에 일회용 식탁보를 펴고 짜장면 두 그릇과 단무지 그릇, 그리고 고춧가루가 든 작은 비닐봉지를 올려놓았다. 방통이 짜장면에 늘 고춧가루를 뿌려 먹기 때문에 특별히 준비한 것이다.

"아, 카수 씨! 저번에 오디션 본 거 어떻게 됐어요?"

방통이 카수 씨에게 비타민 음료를 내밀면서 물었다. 카수 씨는 비타민 음료 뚜껑을 투둑 돌려 따더니 단숨에 들이켰다. 그러고는 다짜고짜 방통 옆에 자리를 잡고 앉았다. 신통도 카수 씨 건너편에 앉아 나무젓가락을 쪼갰다.

"어이구, 말도 마세요. 정말 억울하게 떨어졌습니다."

"그래? 카수 씨 실력이면 예선 정도는 거뜬히 통과해야 하는 거 아니야?"

"아, 당연히 그렇지요."

카수 씨가 고개를 설레설레 저었다.

"심사를 피디들이 했는데 다 엉터리더라고요. 아, 피디들이 뭐 압니까? 본선처럼 가수나 작곡가 들이 심사했다면 바로 합격인데……. 뭐, 그날따라 목도 별로 안 좋았지만……. 그래도 남들보다는 내가 훨씬 더 잘 불렀다고요."

카수 씨는 몇 방울 남지 않은 비타민 음료를 다시 입 안에 털어 넣었다.

"카수 씨는 늘 자신감이 넘쳐서 좋더라."

방통의 말에 신통이 카수 씨를 슬쩍 훔쳐보며 지나가듯이 한마디 덧붙였다.

"너무 넘치는 거 아닌가? 진짜 실력 있는 사람들은 원래 자신감이 좀 없다고 하던데."

카수 씨가 신통 쪽을 향해 눈을 부라렸다.

"아니, 형님! 그게 무슨 소립니까? 잘하니까 자신이 있는 거지, 안 그렇습니까, 방통 형님?"

방통이 뭐라고 대답하기도 전에 신통이 이야기를 시작했다. 방통의 입은 짜장면으로 가득 차 있어서 뭐라 대꾸하기가 곤란했기 때문이다.

"실력 없는 사람들도 자신감은 넘쳐요. 1995년에 미국의 맥아더 휠러라는 강도가 복면도 안 쓰고 은행 두 곳을 털었어요. 그래서 보안 카메라에 휠러의 얼굴이 그대로 찍혔지요. 이 얼굴이 곧바로 그날 저녁 뉴스에 보도되었고, 한 시간 뒤 휠러는 경찰에 붙잡히고 말았지요. 그런데 휠러는 경찰서에서 이렇게 물었답니다. '아니, 저를 어떻게 붙잡았어요?' 그러자 경찰이 휠러에게 녹화 영상을 보여 주었어요. 이를 본 휠러는 믿지 못하겠다는 표정으로 이렇게 중얼거렸답니다. '거참, 이상하네. 레몬주스를 얼굴에 발랐는데……'"

14살에 시작하는 처음 심리학

"레몬주스요? 그게……?"

"종이 위에 레몬주스로 글자를 쓰면 처음에는 아무것도 보이지 않다가 불에 갖다 댔을 때 글자가 나타나잖아요?"

방통이 짜장면을 꿀꺽 삼키고는 얼른 설명했다.

"맞아요. 나도 초등학교 때 해 봤어요. 그렇다고…… 그런 바보 같은 강도가 다 있나요?"

"자기가 바보 같다는 생각은 전혀 못 하고 자신감만 너무 넘쳤던 거지요. 이 강도만 그럴까요? 1999년 코넬 대학교의 사회심리학 교수인 데이비드 더닝과 그의 제자 저스틴 크루거도 이것이 궁금했던지 학생들을 상대로 실험을 해 보았어요. 우선 학생들에게 논리적 사고에 대한 시험을 치르게 했어요. 그런 다음 학생들에게 시험 점수를 알려 주고 나서 자신의 점수가 몇 등일지 예상해 보라고 했지요. 그런데 점수가 낮은 학생일수록 자기 등수를 높게 예상하고, 유능한 학생일수록 자기 등수를 낮게 예상했다고 해요. 무능한 사람일수록 자신감이 높다는 것을 보여 준 실험이지요. 이를 '더닝 – 크루거 효과'라고 한답니다. 어땠어요? 오디션장에 가 보면 그런 사람들 많지 않아요?"

"예, 맞아요. 한 여자 출연자는 오디션에서 떨어지니까 심사 위원 실력이 형편없다며 무대 뒤로 가서 난동을 피우더라고요. 그게 텔레비전에 다 나왔다니까요."

"아, 나도 그거 봤어요. 그런데도 그 아가씨는 자기 춤과 노래가 제일 섹시했다고 울고불고 난리가 아니던걸요."

신통이 젓가락을 내려놓고 물을 한 모금 마셨다.

"사람들은 자신의 능력을 높이 평가하는 경향이 있어요. 운전자들 가운데 90퍼센트가 자신의 운전 실력이 다른 운전자들보다 훨씬 더 뛰어나다고 생각한답니다. 주변 사람들에게도 한번 물어보세요. 다들 자기가 남들보다 운전을 잘한다고 대답할 거예요. 남들보다 반사신경도 더 뛰어나고. 그런데 왜 그리 교통사고는 많이 날까요? 대단한 자신감이지요?"

미심쩍은 얼굴로 신통을 한참이나 바라보던 카수 씨가 물었다.

"그렇다고 자신감이 있는 게 나쁜 건 아니잖아요?"

"맞아! 자신감 없이 말하는 사람은 믿기도 힘들지 않아?"

방통도 입가를 닦으면서 말했다.

"한번은 종아리가 몹시 가려운 거야. 처음에는 모기가 물었나 하고 대수롭지 않게 생각하고 그냥 참았지. 그런데 다음 날이 되니까 종아리가 퉁퉁 붓더라구. 열도 나고. 할 수 없이 병원을 갔어. 의사가 돋보기를 꺼내 내 종아리를 찬찬히 살펴보더니 고개를 갸우뚱하면서 잘 모르겠다고 하더라."

카수 씨는 자기 종아리가 붓기라도 한 양 종아리를 주무르면서 물었다.

"그래서요? 어떻게 됐어요?"

"그래서 내가 물었죠. '그럼 어떻게 해야 하나요?' 그랬더니 이 의사가 책장에 가서 책을 한 권 꺼내 오는 거예요. 그러고는 열심히 책을 뒤지더니 결국 항생제를 처방해 주데요. 여전히 고개를 갸우뚱하면서. 뭐 그런 의사가 다 있는지……. 전혀 믿음이 가지 않던데?"

"그랬을 거야. 우리는 자신만만한 사람이 능력도 있을 거라고 믿는 경향이 있으니까. 어쨌든 그래서 어떻게 됐어?"

"낫긴 나았지, 뭐."

"그것 봐. 그 의사는 자신감은 없어 보였지만 실력은 있었던 거잖아."

그러자 카수 씨가 조금 풀이 죽어 말했다.

"하지만 사람들은 다들 자신감이 있어야 성공한다고 하잖아요."

"그게 바로 우리가 갖는 '자신감 착각'의 일종이에요. 사실 유능한 사람일수록 자신감이 높은 경우가 많지요. 그래서 사람들은 자신감을 가져야 성공한다는 오해를 하지요. 하지만 자신감 덕분에 능력이 좋아진다는 생각은 착각이에요.

학생들의 경우도 마찬가지예요. 예전에 좋은 성적을 받아서 자신감이 높아진 것이지, 자신감 때문에 성적이 오른 것은 아니지요. 능력을 기르려면 오히려 자신감이 조금 부족해야 해요. 지나치게 높은

1장·착각에 빠져 사는 우리

자신감은 방해가 된다고요."

"아니, 이야기가 어떻게 그렇게 되지요?"

"능력에 비해 자신감이 높은 사람은 현실을 삐뚤게 보기 쉬워요. 이런 사람은 자신에게 없는 능력도 있다고 믿어요. 그래서 능력을 기르려는 노력을 게을리하게 되지요. 주위 사람들의 조언과 충고도 무시하고요. 결국 능력을 기르려는 노력을 하지 않게 되니까 성공하기도 어렵답니다."

"그럼 제가 성공하려면……?"

"흠, 자신감을 낮출 필요가 있어요. 자신감이 줄어들면 자신의 능력을 제대로 평가할 테고, 그러면 부족한 점을 채우기 위해 열심히 노력하겠지요. 또, 다른 사람이 지적해 주는 말에 더 귀를 기울일 거예요. 그러면 사람이 더 겸손해지겠지요. 그리고 사람들은 겸손한 사람을 좋아하니까 그만큼 좋은 평판을 얻을 수도 있겠고요."

"햐, 정말 맞는 말씀이네요. 명언이네요, 명언. 앞으로 어디 가서 잘난 체하면 안 되겠네요. 노래 연습도 더 열심히 하고."

카수 씨가 철가방에 빈 그릇을 챙겨 넣었다. 그리고 상담소 문을 나서면서 한마디 덧붙였다.

"그래도 내가 어디 가서 인물은 안 빠지는디……."

자신감 착각

조사에 따르면 '당신은 회사에 필요한 우수 인재입니까?'라는 질문에 응답자의 80퍼센트 정도가 '그렇다.'라고 답한다. 대다수의 직장인들은 자기가 다른 직장인들보다 일을 더 잘한다고 믿기 때문에 자신의 능력에 비해 연봉이 낮다고 불평한다. 그러나 대개의 기업에서 우수한 인재로 분류되는 사람들은 전체 직원의 20퍼센트에 지나지 않는다. 결국 그 많은 직장인들이 자신의 능력을 실제보다 높이 평가하는 셈이다. 달리 말하면 **자신을 과대평가하는 '자신감 착각'**에 빠져 있는 것이다.

전문가들이라고 자신감 착각에 빠지지 않는 것은 아니다. '로마 클럽'은 서유럽에서 가장 똑똑하다고 소문난 과학자와 경제학자, 교육자, 경영자들로 이루어진 민간단체이다. 이들은 1972년에 「성장의 한계」라는 보고서를 통해 2000년대에 들어서는 석유가 남아나지 않을 것이라고 경고했다. 하지만 전 세계 석유 생산량은 더 늘었으면 늘었지 줄지 않았다. 새로운 유전 개발 기술 덕분이다. 또, 1981년에 빌 게이츠는 '640킬로바이트 정도의 메모리면 누구나 충분히 사용할 수 있을 것이다.'라고 예언했지만 지금 대부분의 컴퓨터 사용자들은 빌 게이츠가 충분하다고 큰소리친 메모리의 수백 배에 달하는 용량을 사용 중이다.

'무식할수록 용감하다'는 말이 있다. 바꿔 말하면 무식할수록 자신감 착각에 잘 빠진다. 세계 각국의 13세 청소년들이 참가한 국제 수학 경시대회에서 한국 청소년들의 성적이 가장 뛰어났고, 미국 청소년들이 가장 뒤떨어졌다. 그런데 참가 학생들에게 '수학을 잘하느냐?'고 물었을 때, 한국 학생들은 23퍼센트만이 그렇다고 대답했다. 그만큼 수학에 대한 자신감이 부족하다는 소리다. 반면 미국 학생들은 68퍼센트가 자신이 수학을 잘한다고 대답했다. 성적은 꼴찌였으면서 자신감은 일등이었다.

한국 청소년들은 왜 자신감이 없을까? 한국 청소년들은 그만큼 수학 공부를 열심히 해서 수학이 얼마나 어려운 과목인지를 잘 알고 있기 때문이다. 뭔가를 아는 사람들은 그만큼 겸손해질 수밖에 없다. 자기보다 뛰어난 사람이 세상에는 얼마든지 있다는 것을 잘 알기 때문에.

지나친 자신감은 개인을 실패로 이끄는 데에서 그치지 않는다. 노벨상을 받은 경제학자의 지나친 자신감이 세계 경제를 위기에 빠뜨리기도 했다. 노벨 경제학상 수상자 밀턴 프리드먼은 정부의 개입이 없는 자유 경쟁 시장이 가장 이상적이라고 생각했다. 그러나 경쟁이 치열했던 미국에서 2008년 엄청난 금융 위기가 시작되었다. 수많은 사람이 집에서 쫓겨났고, 일자리를 잃었다. 미국은 세계 경제의 주축을 이루고 있었으므로 미국의 금융 위기는 곧바로 세계의 금융 위기를 낳았다.

지나친 자신감에 빠지지 않으려면 겸손한 마음으로 능력을 길러야 한다. 능력을 지닌 사람만이 자기의 부족한 점을 알 수 있고, 따라서 더 열심히 노력한다.

잡을 수 있으면 잡아 봐,
〈캐치 미 이프 유 캔〉 -----------------------

간혹 '사기꾼'의 모습에서 지나친 자신감이 보이기도 한다. 스티븐 스필버그 감독의 영화 〈캐치 미 이프 유 캔〉(2002)은 1965년에 미국에서 실제로 일어났던 사기극을 소재로 만든 영화이다. 영화의 주인공 프랭크 애버그네일(리어나도 디캐프리오)이라는 천재 사기꾼은 자신의 신분을 항공사의 부조종사라고 속여 공짜 비행기를 타고 전국의 은행을 돌아다닌다. 뛰어난 위조 기술을 발휘하여 250만 달

영화 〈**캐치 미 이프 유 캔**〉(2002)의 포스터.

러어치 가짜 수표를 마구 발행하고, 다른 사람들의 돈 140만 달러를 가로챈다. FBI 요원 칼 핸러티(톰 행크스)가 프랭크를 잡기 위해 뒤쫓지만 프랭크의 속임수에 번번이 당한다.

프랭크의 대담한 사기 행각이 성공한 이유는 무엇일까? **다른 사람들이 깜빡 속아 넘어갈 만큼 뻔뻔스러운 자신감** 아니었을까? 영화 제목 〈캐치 미 이프 유 캔〉은 프랭크의 자서전 제목이기도 하다. '잡을 수 있으면 나를 잡아 봐', 자신감 넘치는 제목 아닌가.

1 - ③
기억하고 싶은 것만
기억한다고?

신통이 외출을 하고 돌아왔을 때 상담소에선 용이와 엽이가 한창 말다툼을 벌이고 있었다.

"그때 네가 찬 공이 유리창으로 바로 날아갔다니까!"

"아니, 네 머리 맞고 날아갔잖아?"

신통은 고개를 절레절레 저으면서 겉옷을 벗어 옷걸이에 걸었다. 신통이 방통에게 물었다.

"얘들은 또 왜 이래?"

신통이 용이 옆에 앉았다. 방통이 세 사람 앞에 찻잔을 하나씩 놓아 주었다. 방통도 자기 찻잔을 손에 들고 엽이 옆에 앉으며 말했다.

"자, 기억력에 좋다는 대추차 한 잔씩 하고 싸워라. 서로 자기 기억이 맞다고 싸우고 있단다, 얘들."

신통이 '아, 그래?' 하는 표정을 지으며 대추차를 입으로 가져갔다. 두 아이는 대추차는 거들떠보지도 않고 계속 말싸움을 이어 갔다.

"그리고 그때는 5학년 1학기였어. 다음 날이 중간고사인데 학교에서 좀 놀다 가자고 네가 그랬잖아."

"맞아. 공부하기 전에 머리 좀 식혀야 한다고 그랬지. 하지만 2학기였어. 조금 쌀쌀해서 몸 좀 풀자고 했던 거 아니야?"

용이와 엽이는 초등학교 동창이다. 이야기를 들어 보니, 둘은 5학년 1학기 땐가 2학기 땐가 학교에서 축구 연습을 하다가 교실 유리창을 깼단다. 문제는 누가 유리창을 깼는지 서로의 주장이 다르다는 것이었다.

"네가 잘못 차서 깨진 거였어!"

"네가 잘난 체하면서 헤딩한다고 그러다……."

신통이 두 팔을 내저었다.

"그러니까 너희 둘이 서로 기억하는 게 다르다, 이거구나?"

"예, 저는 분명히 기억하고 있거든요. 내가 공을 막을 차례였고, 엽이가 강슛을 쏜다며 뻥 찼는데 옆으로 날아가서 유리창이 깨졌다고요."

"거짓말하지 마. 네가 머리로 막는다고 그러다가 튕겨 나간 거잖아!"

엽이가 억울해 죽겠다는 표정을 지었다. 그러나 용이도 질 아이가 아니었다.

"뭐라고? 거짓말이라고? 거짓말하는 건 너지! 나는 지금도 똑똑히 생각난다니까!"

신통이 다시 두 팔을 휘휘 내젓다가 손가락 하나를 입술에 갖다 댔다. 아이들이 입을 다물고 신통을 바라보았다.

"잠깐, 잠깐. 내 이야기 좀 들어 봐. 내가 보기에 두 사람 모두 거짓말을 하는 것은 아니야. 그러니까 그렇게 흥분하지 말라고. 사람의 기억이란 게 그리 믿을 게 못 되니까 말이야."

신통이 대추차를 다시 입으로 가져가자 두 아이도 그제야 찻잔을 들었다. 신통은 그사이에 책상으로 가서 카드 한 묶음을 가져왔다. 그러고는 두 사람에게 카드 한 장씩을 내밀었다.

"자, 이 낱말 카드에는 15개의 낱말이 적혀 있어. 한번 읽어 봐."

용이와 엽이는 대추차를 홀짝거리며 카드에 있는 낱말을 살펴보

았다. 두 사람이 대추차를 두어 번 더 홀짝이고 나자 신통이 카드를 다시 거두었다.

"카드에 어떤 낱말들이 적혀 있었는지 기억해 낼 수 있겠니? 용이부터?"

신통이 말하자 용이와 엽이는 멈칫했다.

"열심히 외운 건 아니었는데……."

용이는 말은 그렇게 했지만 무려 8개나 되는 낱말을 기억해 냈다. 엽이도 9개를 기억해 냈다. 신통이 말했다.

"두 사람 다 잘했어. 그런데 정확히 맞힌 건 두 사람 다 7개네."

"뭐가 틀렸어요?"

엽이가 목소리를 높이며 앞으로 다가앉았다.

"두 사람 모두 '잠자다'란 낱말을 기억해 냈어. 그런데 원래 카드에 '잠자다'라는 낱말은 없단다."

"그래요? 그럴 리가……."

이번에는 용이가 소리치더니 신통의 손에서 카드를 빼앗아 갔다. 그러나 신통의 말 그대로였다. '잠자다'라는 낱말은 카드에 없었다.

"이 실험은 이미 1950년대에 실시된 실험이야. 실험 결과를 보면 40퍼센트 정도의 사람들이 '잠자다'라는 낱말 카드가 분명히 있었다고 확신한대. 하지만 보다시피 '잠자다'라는 낱말은 카드에 없어. 너희들이 지어낸 거지."

용이와 엽이 둘 다 어이없다는 표정을 지었다.

"그러니까 우리가 엉터리로 기억했다는 거네요."

용이가 입을 쑥 내밀었다.

"이 카드에 있는 낱말들을 읽어 보면 모두 '잠자다'와 관련이 있는 낱말이라는 것을 알 수 있어. 그러면서도 정작 '잠자다'라는 낱말이 카드에 없다는 사실에는 특별히 주의를 기울이지 않게 되지. 그리고 이 낱말들을 다시 기억해 낼 때는 의미의 연관성을 바탕으로 떠올리는 거야."

"있는 그대로 기억하는 것은 아니란 말이지요?"

"맞아. 우리에게 입력되는 정보 하나하나에 에너지를 모두 써서 기억하려고 했다가는 머리가 터지고 말 거야. 그래서 우리 머리는 이미 알고 있는 내용과 새로운 내용을 연관 지어 기억하지. 그래야 기억하기도 편하고 나중에 끄집어내기도 편하니까. 그런데 이렇게 하다 보니 가끔 실수가 생기기도 해. 애초에 연관을 잘못 지었기 때문이겠지?"

"기억이란 결국 자기 자신이 다시 짜 맞추는 거다, 이건가요?"

"용이 네 말이 맞아. 다른 말로 하면, 사람은 자기가 기억하고 싶은 것만 기억하거나 자기가 기억하고 싶은 대로 기억한다, 이 말이야."

용이가 고개를 끄덕였다. 엽이도 고개를 끄덕였다. 신통이 이야기를 계속했다.

"심지어 다른 사람의 기억을 자기 기억이라고 착각하기도 해."

"예? 그럴 수도 있어요?"

"응, 이건 얼마 전 유학생 모임에서 내 친구가 해 준 이야기야. 친구가 살던 집은 지어진 지 100년도 더 된 낡은 건물이었어. 방에 조명이라고는 높은 천장에 매달린 60와트짜리 전구 하나뿐이었지. 그래서 친구의 방은 늘 어두컴컴했어. 어느 날 친구가 삼겹살이 먹고 싶어 마트에 들렀대. 그리고 상추를 사려고 채소 코너에 갔는데, 물론 우리가 먹는 상추는 없었지. 그래서 상추와 배추 중간 정도 되는 채소를 사서 어쨌든 맛있게 싸 먹었대. 그런데 다음 날 아침, 전날 밤에는 어두워서 잘 몰랐는데, 남아 있는 채소를 보니 작고 까만 애벌레들이 엄청나게 많이 붙어 있었다는 거야. 농약을 전혀 쓰지 않은 네덜란드산 채소라고 하더니 과연……. 친구는 '우웩! 이것을 내가 먹었다니…….' 하는 생각이 들었겠지, 뭐."

"후후, 단백질을 추가로 섭취했네요."

"하하, 그래서 탈은 나지 않았대요?"

"응, 좀 찜찜했지만 아무 탈은 없었대."

용이가 갑자기 웃음을 그쳤다. 그러고는 신통 쪽을 빤히 바라보았다.

"그런데요?"

"그런데…… 이 이야기를 듣고 있던 다른 친구가 이러는 거야."

신통이 대추차를 한 모금 마셨다. 그러고는 말을 이었다.

"야, 인마! 그거 내가 해 준 이야기잖아!"

"엥? 뭐야? 다른 친구 이야기였어요?"

"다른 친구한테서 들은 이야기를 자기 이야기라고 믿고 있었단 말이지요?"

"그 친구는 그 이야기를 누구한테서 들었는지는 까맣게 잊고 자기가 겪은 일로 착각한 거야. 기억력 착각의 한 종류라고 해야겠지."

"그런 일도 일어날 수가 있구나."

방통이 신통의 어깨를 툭 쳤다. 뭔가 생각난 모양이었다.

"왜 얼마 전에 어떤 유명한 소설가의 표절 사건이 있었잖아. 처음에는 표절한 적이 없다고 했다가 나중에는 인정했지?"

"응, 생각나. 표절 의혹이 드는 외국 작품들을 들이대자 자기는 읽은 기억이 전혀 없지만, 자기가 표절한 것일 수도 있다고 인정했지. 실제로 그 소설가가 표절을 했을 수도 있겠지. 하지만 나는 조금 다른 생각을 했어. 그 소설가 또한 기억력 착각을 겪은 것이 아닐까 하고 말이야. 읽었던 사실을 까맣게 잊은 채 자기가 쓴 것이라고 착각한 거지. 그 기억이 어디서 처음 시작되었는지는 잊어버리고. 어쨌든 소설가는 앞으로 공식 활동을 안 하겠다고 선언했더군."

"맞아, 그래도 작품은 계속 쓰겠다고 했대. 소설 쓰는 것을 생명으로 아는 사람이니까."

네 사람은 잠시 아무 말 없이 앉아 있었다. 그러다 엽이가 한마디 했다.

"그렇다고 모든 기억이 잘못됐다는 건 아니잖아요. 나는 내 기억이 맞다고 생각해요."

용이가 도끼눈을 뜨고 엽이를 쳐다보았다. 그러고는 고개를 설레설레 저었다.

"그래. 내가 졌다, 내가 졌어. 네 말이 다 맞다고 치자."

신통이 하하 웃었다.

"그래, 지는 사람이 이기는 거다. 그런 의미에서 오늘 저녁은 치킨 어때?"

"까마귀 고기 파는 데는 없나?"

방통도 하하 웃었다.

기억력 착각

사람들은 종종 자신이 보고 싶은 것만 보고, 자신이 기억하고 싶은 것만 기억한다. 목격한 장면을 자기식대로 이해한 다음, 그에 맞추어 기억을 바꾸거나 어떤 것을 기억할지 선택하기도 한다.

1981년, 미국 일리노이 대학의 심리학자 윌리엄 브루어와 제임스 트레이언스는 이것을 설명하기 위해 단순하고도 기발한 실험을 했다. 한 대학원생에게 기억과 관련된 실험을 하겠다고 알린 다음, 앞 사람 실험이 끝날 때까지 사무실에서 잠깐 기다려 달라고 했다. 약 30초쯤 지난 뒤에 그 대학원생을 다른 방으로 데려간 뒤 사무실에서 본 물건들을 모두 적어 보라고 시켰다. 여러 학생을 대상으로 이 실험을 했는데, 대부분 책상과 의자, 책장 등을 써냈다. 그 가운데 30퍼센트는 책을 보았다고 기억했고, 10퍼센트는 파일 캐비닛도 있었다고 했다.

그러나 그 사무실은 대학 사무실이 아니라 회사 사무실처럼 꾸며져 있었다. 책상과 의자, 소파는 있었지만 책이나 파일 캐비닛은 없었다. 실험에 참가한 대학원생들은 자기가 기다린 곳이 대학 사무실이었기 때문에 당연히 책과 파일 캐비닛이 있었으리라 생각했고, 그것이 자기 기억이라고 믿었다.

우리는 기억이 '녹화하는 것'과 비슷하다고 생각한다. 그래서 녹화된 내용을 메모리에 저장해 두었다가 필요할 때면 그 전체를 끄집어내는 것이 기억이라고 믿는다. 그러나 기억은 그런 것이 아니다. 기억은 오히려 사진과 비슷하다. 우리 머릿속엔 드문드문 찍힌 사진과 같은 몇 장의 이미지가 있을 뿐이다. 그래서 우리가 어떤 일에 대해 기억하고자 할 때는 머릿속에 있는 이미지와 이미지 사이의 공백을 추측해 채워 넣어야 한다. 이렇게 우리의 추측을 통해 만들어진 이야기, 이것이 바로 기억이다.

이미지들 사이에 연관성이 있으면 기억하기 불가능해 보이는 몇십 개, 몇백 개의 숫자나 단어도 기억할 수 있다. '3.141592…'로 시작하는 원주율을 소수점 아래 100자리까지 외우는 사람은 그것들을 하나의 이야기로 외운다. 프로 바둑 기사들은 바둑 한 판을 두고 나서 그 판을 그대로 복기할 수 있다. 바둑의 한 수 한 수는 모두 연관성이 있기 때문이다.

우리는 보고 들은 것을 정확히 기억한다고 믿지만 실제로 그 기억은 놀랄 만큼 불완전하다. 감정이나 의지가 작용하면 왜곡되기도 한다. 그러므로 지나치게 생생하거나 자신 있게 회상되는 기억일수록 잘못된 기억이 아닌지 의심해 보아야 한다. 친구의 기억력이 자기보다 떨어진다고 비난하기 전에 말이다.

힐러리 클린턴의 착각 ----------------------

2008년, 힐러리 클린턴은 민주당 대통령 후보가 되기 위해 경쟁자였던 버락 오바마에 맞서 강연을 했다. 힐러리는 국제 문제에 관해서는 자신이 더 폭넓은 경험이 있다고 주장하면서 1996년 4월 보스니아를 방문했던 일을 회상했다.

미국의 제42대 대통령 빌 클린턴의 아내이자 2016년 미국 대통령 후보로 지명된 **힐러리 클린턴**(1947~).

"저격수의 총격 속에서 공항에 착륙했던 일이 기억납니다. 원래는 공항에서 환영식을 할 예정이었지만 우리는 기지로 가는 차를 타기 위해 머리를 숙이고 달려야 했습니다."

그러나 불행하게도 〈워싱턴 포스트〉는 그 당시 힐러리가 어떤 아이에게 평화롭게 입을 맞추는 모습의 사진을 실었다. 그리고 힐러리가 보스니아를 방문했을 때는 신변 안전을 위협받은 일이 한 번도 없었다고 밝혔다. 다른 방송에도 활주로 위에 마련된 환영식장으로 평화롭게 걸어가는 힐러리의 모습만이 나왔다.

다음 날, 이 기사에는 '거짓말쟁이 힐러리', '현실 인식을 못 하는 힐러리', '기억이 완전히 돌아 버린 힐러리' 등과 같은 참혹한 댓글들이 따라붙었다.

그러나 힐러리가 거짓말을 한 것은 아닐지도 모른다. 힐러리는 그저 자기가 겪지도 않은 일을 자기 기억으로 착각한, 기억력 착각에 빠졌던 것일지도 모를 일이다.

일단 비사게
부르고 본다

오늘은 한 달에 한 번 '심통 클럽' 모임이 있는 날이다. 심통 클럽이란 똘이네 학교에서 방과 후 활동의 하나로 만든 심리학 동아리로, 매달 마지막 목요일에 신통과 방통이 아이들을 만나러 학교로 찾아간다.

"안녕?"

"안녕하세요?"

씩씩한 아이들 열 명이 합창을 했다. 그러나 아무도 신통을 보지는 않았다. 그 대신 한데 모여 태블릿 PC를 들여다보았다. 신통이 다가가서 물었다.

14살에 시작하는 처음 심리학

"무얼 그렇게 보니?"

누군가 뉴스 진행을 하는 화면이었는데, 자세히 보니 훈이였다.

"이거 훈이 아니야?"

"예, 저 맞아요."

훈이가 답하자 용이가 보충 설명을 했다.

"훈이가 학교 방송제에서 뉴스 진행하는 모습이에요. 훈이는 나중에 앵커가 되는 것이 꿈이래요."

평소에도 재치 있는 말을 잘하는 훈이다웠다. 신통이 물었다.

"그런데 너희 '앵커'가 무슨 뜻인지 아니?"

영어 잘하는 철이가 얼른 대답했다.

"'닻'이라는 뜻이에요. 배가 한곳에 멈추어 있게 물 밑바닥으로 가라앉히는 기구죠. 갈고리가 달려 있어서 닻이 흙바닥에 박혀 있으면 배가 움직이지 못해요."

"역시 철이가 잘 아는구나. 그럼 방송에서 앵커는 무엇을 하는 사람이지?"

이번에는 훈이가 답을 했다.

"뉴스를 진행하는 사람인데요, 아나운서는 이미 작성된 기사를 읽을 뿐이죠. 그런데 앵커는 어떤 뉴스에 대해 논평도 하고 해설도 해요. 뉴스 프로그램에서 닻 역할을 한다고 해서 앵커라고 부르지요."

"우아!"

아이들 사이에서 박수가 터져 나왔다. 신통도 박수를 쳤다.

"장래 희망이 앵커라더니 역시 훈이가 잘 아는구나. 맞아. 앵커란 중심이 되는 물건이나 사람을 가리키는 말이지. 그런데 심리학에서도 앵커라는 말이 쓰이는 거 알고 있니?"

"예? 그래요?"

아이들이 눈을 동그랗게 떴다. 신통이 말을 이었다.

"먼저 실험을 하나 해 볼까? 자, 다음 곱셈 문제를 5초 안에 풀어 볼래?"

신통이 프로젝터를 켜자 스크린에 곱셈 문제가 떴다.

$$1 \times 2 \times 3 \times 4 \times 5 \times 6 \times 7 \times 8$$

"이걸 어떻게 5초 안에 풀어?"

"그러게 말이야!"

아이들은 투덜거리며 열심히 계산을 했지만 5초 안에 풀기란 무리였다. 5초가 지나자 아이들은 계산하기를 포기하고 대충 답을 썼다. 이를 지켜본 신통이 말했다.

"자, 여기 하나 더 있어. 이것도 5초 안에 푸는 거다!"

신통이 다시 리모컨 버튼을 누르자 새로운 곱셈 문제가 스크린에 떠올랐다.

$$8 \times 7 \times 6 \times 5 \times 4 \times 3 \times 2 \times 1$$

그러자 아이들은 직접 계산할 생각을 아예 하지 않고 대충 암산으로 어림잡아 답을 써냈다. 방통이 답안지를 거두어 재빨리 평균을 냈다. 물론 계산기로. 신통이 이야기했다.

"너희들도 눈치챘겠지만 첫 번째 문제와 두 번째 문제는 똑같은 곱셈 문제였어. 수의 순서만 달랐지. 그러니 답이 같아야 하잖아. 정답은 40,320이네. 그런데 너희들이 내놓은 답안을 보면 첫 번째 문제 답의 평균은 512이고, 두 번째 문제 답의 평균은 2,250이네. 이상하지? 왜 이런 결과가 나왔을까?"

똘이가 대답했다.

"나는 앞의 수 두세 개만 보고 대충 썼는데……."

"앞의 수가 크면 답도 크게 나오잖아요."

아이들이 고개를 갸우뚱했다.

신통이 말했다.

"맞아. 이것은 대니얼 카너먼이라는 미국의 심리학자가 했던 실험인데, 너희들도 같은 실험 결과가 나왔구나. 이 곱셈 문제를 5초 안에 계산하는 것은 보통 사람이라면 불가능하지. 그래서 사람들은 맨 앞에 있는 수만 보고 대충 답을 낸다. 맨 앞의 수가 큰 수면 큰 수를 답으로 써내고, 작은 수면 작은 수를 답으로 써내지. 바로 너희들처럼. 맨 앞의 수가 판단을 하는 데에 중심적인 역할, 다시 말해 닻 역할을 한 셈이지. 이처럼 사람들에게는 미리 주어진 정보를 기준으로 판단을 내리려고 하는 경향이 있는데, 이를 '닻 내리기 효과'라고 부른단다. 닻을 영어로 앵커라고 한다고 그랬지?"

"정말 심리학에서도 앵커라는 말이 쓰이는군요."

훈이가 신기하다는 듯이 말했다.

신통이 계속해서 이야기했다.

"닻 내리기 효과를 가장 잘 이용하는 사람들이 있어. 누구겠니?"

아이들이 신통만 말뚱말뚱 쳐다보았다.

"우리가 백화점 명품 매장에 갔다고 치자. 거기 가면 500만 원이 넘는 가방도 많아."

"우아! 그렇게 비싸요?"

"아무리 명품이라지만 너무 비싼 거 아닌가요?"

"그렇지? 비싸다고 생각되지? 그런데 그런 가방들 옆에는 꼭 800만 원, 1000만 원 하는 가방들이 나란히 진열되어 있어. 사람들 보란 듯이 가격표를 딱 붙이고 말이야."

용이가 물었다.

"왜 그렇게 하는 거예요? 너무 비싸다고 사람들이 안 살 텐데."

"꼭 사라고 가격표를 붙여 놓는 게 아니겠지?"

훈이가 용이에게 답했다. 신통이 반가운 표정을 지으며 물었다.

"왜 그렇게 생각하니?"

"아까 선생님이 말씀하신 닻 내리기 효과를 노리는 거 아닐까요? 옆에 1000만 원짜리가 있으면 500만 원짜리는 별로 비싸 보이지 않으니까요."

"맞아. 바로 그거야. 상인들은 닻 내리기 효과를 잘 알고, 그 효과를 이용하지. 1000만 원이라는 가격이 닻이 되면 500만 원은 비싸 보이지 않잖아."

아이들이 고개를 끄덕끄덕했다.

"정찰제가 아니라면 물건값을 매길 때에도 상인들은 닻 내리기 효과를 적절히 이용해. 처음에 물건값을 아주 비싸게 매기는 거야. 예를 들어 600만 원 이상을 받아야겠다 싶으면 1000만 원이라고 가격을 매겨 놓는 거지. 1000만 원짜리를 터무니없이 100만 원에 깎아 달라고 하는 사람은 없을 테니까 말이야. 대개 많이 깎아야 700만 원이나 800만 원 정도로 깎겠지."

"치사한 짓을 하는 거잖아요."

"그러니까 우리는 닻 내리기 효과에 빠져서 오류를 범하면 안 되는 거야."

"어떻게요?"

"한마디로, 숫자에 속지 말라는 거지. 많이 할인해 준다고 해서 무조건 그 물건을 사서는 안 된다는 거야. 상인들이 손해까지 보면서 물건을 싸게 팔 리는 없잖아. 물건을 살 때는 그 물건의 원래 가치가 얼마나 될까 잘 따져 봐야 해. 값이 비싸다고 꼭 좋은 물건이라는 보장은 없으니까."

"싼 게 비지떡이라는 말도 있잖아요?"

훈이의 말에 아이들이 모두 신통을 쳐다보았다. 신통이 씩 웃으며 대답했다.

"내 말이 바로 그 말이야. 제값을 주고 사라는 말이지. 비지떡을 비싸게 주고 사서야 되겠니?"

훈이가 씩 웃었다.

닻 내리기 효과

1974년, 미국의 심리학자 대니얼 카너먼은 실험 참가자들에게 물어보았다. 유엔에 가입한 나라들 가운데 아프리카 국가가 차지하는 비율이 몇 퍼센트나 될까? 이때는 아프리카 국가들 상당수가 유엔에 가입하지 않았을 때였다. 카너먼은 실험 참가자들이 질문에 대답하기 전에 먼저 돌림판을 돌리게 했다. 이 돌림판에는 0에서 100까지의 수가 쓰여 있었는데, 실제로는 10과 65 두 수 중 하나에서 멈추게 되어 있었다.

그런데 숫자판을 돌려서 65가 나온 사람들은 평균 45퍼센트라고 대답했고, 10이 나온 사람들은 평균 25퍼센트라고 대답했다. 큰 수가 나온 사람들은 높은 비율로 대답하고, 작은 수가 나온 사람들은 낮은 비율로 대답한 것이다.

10과 65란 수는 유엔 가입 국가 중 아프리카 국가의 비율과는 아무 관계도 없다. 그도 그럴 것이 돌림판을 돌려서 나온 수이기 때문이다. 그런데도 실험 참가자들은 이 수에 영향을 받았다. 이처럼 **머릿속에 잔상처럼 남은 임의의 수가 기준점이 되어 이후 어떤 수를 생각해야 할 때, 영향을 미치는 현상**을 '닻 내리기 효과'라고 한다. 배가 어느 지점에 닻을 내리면, 그 지점에서 크게 벗어나지 못하고 주변에 머물러 있게 되는 데서 따온 말이다.

닻 내리기 효과는 아무도 정답을 모를 때 가장 큰 효과를 발휘한다. "한 강의 길이는 100킬로미터보다 짧을까, 길까?"라고 물을 때와 "한강의 길이는 1,000킬로미터보다 짧을까, 길까?"라고 물을 때 어떤 대답이 돌아올까? 주변 사람들에게 물어보자. 아마도 100킬로미터를 기준으로 물었을 때보다 1,000킬로미터를 기준으로 물었을 때 대답한 강의 길이가 더 길 것이다. 실제로 미국에서 미시시피 강의 길이를 물었더니 8,000킬로미터를 기준으로 물었을 때는 평균 5,500킬로미터로 답했고, 800킬로미터를 기준으로 물었을 때는 평균 2,000킬로미터로 답했다고 한다. 닻 내리기 효과가 가져온 오류이다. 이처럼 닻을 엉뚱한 데에 내리면 엉뚱한 판단을 유도할 수 있다. 상인들은 이러한 심리를 효과적으로 이용하곤 한다.

친구들과 유명한 왕돈가스를 먹으러 남산에 간 예를 들어 보자. 한 가게에 갔더니 무려 8,000원이다. 너무 비싸다고 생각해 다른 가게로 발길을 돌린다. 그런데 그 가게는 원래 10,000원짜리 돈가스를 8,000원으로 인하해 판매 중이었다. 여러분 같으면 어느 가게에서 돈가스를 먹겠는가? 대부분의 소비자라면 같은 값이어도 원래 가격보다 싸게 판다는 가게에서 맛있게 먹을 것이다. 이것이 닻 내리기 효과의 힘이다.

상인들의 눈속임식 상술이라며 분노하기 전에 상대방은 닻을 내릴 준비가 되어 있다는 것을 항상 잊지 말자. 값을 깎아 준다고 해서 무조건 좋아하지 말고, 그 상품의 진정한 가치가 얼마나 될까 고민하는 사람이 현명한 소비자이다.

현상과 진실의 간격,
〈럼 다이어리〉

조니 뎁이 제작과 주연을 맡은 영화 〈럼 다이어리〉(2011)에서 폴 켐프(조니 뎁)는 푸에르토리코의 작은 신문사 기자다. 기자로서의 사명감 따위는 전혀 없이 그저 술이나 마시며 시간을 죽이는 그에게 부동산업자 샌더슨(아론 에크하트)이 귀가 솔깃한 제안을 한다. 섬에 리조트를 하나 지으려고 하는데, 도움이 되는 기사를 써 달라고 부탁한 것이다. 그러나 아름다운 카리브 해의 환경을 파괴하는

영화 〈**럼 다이어리**〉(2011)의 포스터.

짓이라 주민들의 반대도 만만치 않을 것이다. 우려를 표시하는 폴에게 샌더슨이 말한다.

"주민을 우리 편으로 만들 수 있는 방법은 아주 다양하지. 이런 일이 어떤 건지 알려 주겠네. 예를 들어 자네가 세금을 5퍼센트 올리고 싶다고 가정하세. 현명한 방법은 먼저 10퍼센트로 올리겠다고 소문을 내는 거야. 그러면 사람들이 떠들고 다니며 야단을 피우겠지. 그때 자네가 슬쩍 양보하는 척하는 거야. '7퍼센트는 어때?' 하고. 그들은 그것도 안 된다고 하겠지. '그럼 앞으로 친하게 지내기로 하고 5퍼센트로 타협을 보세.' 빙고,

그들은 이겼다고 생각하겠지. 하지만 실은 자네가 처음 원했던 5퍼센트를 얻은 거야."

아무 조건이 없다면 주민들은 세금을 올린다는 생각 자체에 반대했을 것이다. 5퍼센트는커녕 3퍼센트만 올려도 불만스러웠을 것이다. 그러나 주민들은 10퍼센트라는 닻에 묶여서 그런 생각을 하지 못한다. 5퍼센트라도 다행이라고 생각한다. 이 역시 닻 내리기 효과이다.

샌더슨의 말을 듣고 폴은 세상에 별 기막힌 소리를 다 들어 보겠다는 표정을 짓는다. 폴이 샌더슨과 손을 잡을까? 관객은 폴이 그러지 않기를 바라며 두근거리는 마음으로 영화에 집중한다.

제 2 장

아무리 노력해도
오류에
빠지는 우리

우리는 우리가 얼마나 허약한 존재인지 잘 안다. 아는 것도 부족하고, 판단력도 만족스럽지 못하다. 그래서 잘못된 판단을 내리지 않기 위해, 후회할 결정을 하지 않기 위해 있는 힘껏 노력한다. 수많은 경우의 수를 대입해 보면서 현명한 판단을 내리려고 애쓴다. 그럼에도 불구하고 우리는 매번 후회하고 있는 자기 자신을 발견한다. 노력을 해도 오류를 저지르는 스스로의 모습에 우리는 낙담한다. 그러나 실망하지 말자. 방법이 없는 것은 아니다.

2 - ①

그건 어쩔 수 없는 일이었어

"똑같다니까 그러네!"

"조금 빠졌다니까! 전에는 더 쪘었다고!"

똘이와 슬기가 다투면서 상담소 문을 열고 들어왔다.

"안녕, 애들아?"

방통이 두 사람을 열렬히 환영한다는 뜻으로 두 손을 번쩍 들었다. 그러나 똘이와 슬기에게는 방통의 환영 인사가 눈에 들어오지 않았다. 똘이와 슬기는 자리에 앉을 생각도 하지 않고 계속 말싸움을 이어 나갔다.

"무슨 소리야? 이 정도면 많이 빠진 거지."

"많이 빠진 거 좋아하시네. 더 찌지 않았으면 다행이지."

"뭐라고? 이게!"

슬기가 오른손 주먹을 번쩍 들었다. 아무래도 방통이 번쩍 들었던 두 손으로 두 사람을 말려야 할 판이었다.

"도대체 뭘 가지고 또 싸우니?"

방통이 두 아이를 소파에 앉히면서 물었다. 두 아이 앞에 우유 한 잔과 코코아 한 잔이 놓였다. 슬기가 코코아 잔을 슬그머니 방통 쪽으로 밀어 놓으며 말했다.

"방통 삼촌, 내가 다이어트를 한 달이나 했거든. 생각보다 살이 덜 빠지긴 했지만……."

"하긴 뭘 해? 다이어트를 한다는 사람이 맨날 피자 타령이냐?"

"이 녀석이 누나보고 한다는 소리가."

"응? 다이어트를 한 달이나 했어?"

방통이 눈을 크게 떴다. 그러고는 못 믿겠다는 듯이 슬기를 보고 얄궂은 표정을 지어 보였다.

"응. 뭐, 가끔 먹기도 했지만. 어쨌든 조금 날씬해진 거 같지 않아?"

"피! 그런 게 다이어트면 누구나 하겠네."

똘이가 혀를 쏙 빼물었다. 책상에 앉아 책을 읽던 신통이 똘이와 슬기 앞에 앉았다.

"슬기야, 실제로 몸무게가 줄긴 줄었니?"

14살에 시작하는 처음 심리학

"응? 뭐…… 조금. 그래도 전보다 몸이 많이 가벼워졌어. 기분도 나아지고."

"기분만 그렇다, 이거지? 흥, 그럴 줄 알았어."

똘이가 콧방귀를 뀌었다.

"다이어트를 하느라고 많이 힘들었겠다. 그런데 성과가 별로라 많이 실망스럽지? 노력을 했는데도 성과가 없을 때, 우리는 스스로를 위로하지. 전에는 더 나빴다거나 그래도 기분은 더 나아졌다거나 하고 말이야. 슬기 너처럼."

대놓고 무시하는 신통의 말에 슬기가 입을 5센티미터쯤 쭉 내밀었다. '또 시작이군.' 하는 표정으로.

"나쁘게 말하면 자기를 속인다 이거잖아. 자기기만."

방통이 눈치 없이 한마디 했다. 슬기의 입이 이제 10센티미터는 더 나왔다.

"자기기만이라기보다 자기 합리화라고 불러야겠지?"

신통이 슬기를 좀 달래 주어야겠다는 생각을 한 모양이다.

"일단 잘못된 행동을 하고 나면 그 행동의 결과를 바꾸기란 거의 불가능하잖아. 이미 저지른 일이라 되돌릴 수가 없으니까 말이야. 그래서 사람들은 자기 잘못을 인정하는 대신 '그건 어쩔 수 없는 일이었어. 이 정도도 다행이지, 뭐.' 하면서 자기 스스로를 속이기 시작하지. 자기 합리화라고 들어 봤지?"

결국 자기를 속인다는 이야기였다.

"자기 합리화? 그게 뭔데, 삼촌?"

똘이가 별 관심도 보이지 않으면서 물었다. 그게 뭐든 슬기를 놀려 주기만 하면 그만이라는 듯이. 신통이 이야기를 계속했다.

"이런 일이 있었어. 1954년 어느 날, 미국에 살던 매리언 키치라는 가정주부가 하늘로부터 계시를 받았다고 주장했어. 그해 12월 21일 자정에 대홍수가 일어나 세상에 종말이 온다는 것이었어. 오직 서낸더라는 구세주를 믿는 사람들만 구원받을 수 있다는 거야. 아주 무시무시하고 급박한 내용이었지."

"어떻게?"

슬기가 어느새 화가 풀렸는지 바짝 다가앉았다.

"외계인들이 지구로 우주선을 보내 서낸더를 믿는 사람들만 태워서 다른 별로 데려다준다는 거야. 키치 부인은 주변 사람들에게 이 충격적인 소식을 전했고, 머지않아 신도들이 여러 명 생겨났어. 신도들은 다가올 지구의 종말을 대비하기 시작했어. 가지고 있던 재산을 남들에게 나누어 주고, 직장을 다니던 사람들은 직장을 그만두었어. 다른 사람들은 터무니없는 소리라고 놀리며 이 신도들을 욕했단다. 이 소문이 퍼지자 방송국과 신문사에서도 취재를 나왔지만 신도들은 모두 한집에 모여 묵묵히 구원의 날이 오기만을 기다렸지.

마침내 종말의 밤이 찾아왔어. 신도들은 기도를 드리며 구원이 약속된 자정이 되기를 기다렸어. 초조하고 긴장된 시간이 흐르고 마침내 자정을 알리는 종이 울렸어."

신통이 잠시 말을 멈추었다. 그러고는 세 사람을 둘러보았다. 입을 먼저 연 것은 똘이였다.

"그래서 어떻게 됐어?"

"어떻게 되긴 뭐가 어떻게 돼? 대홍수가 났으면 지금 우리가 여기 이렇게 앉아 있을 수 있겠니?"

슬기가 복수라도 하려는 듯이 똘이에게 핀잔을 주었다.

"후후, 슬기 말대로 물론 대홍수는 일어나지 않았어. 그렇게 마음 졸이며 기다리던 자정이 되었지만 아무 일도 일어나지 않았지. 그러자 신도들은 크게 낙담했어. 어쩔 줄을 몰랐지. 시간이 더 흐르자 그 가운데 몇 사람은 자기 집으로 돌아가 버렸어."

"다들 돌아갔을 거 같은데."

"그러게. 그 예언이 엉터리였던 거 아니야?"

신통이 조금 기다리라는 뜻으로 경건하게 오른손을 들어 올렸다. 신이 계시를 내리는 순간처럼.

"그런데 잠시 뒤 키치 부인이 사람들에게 소리쳤어. 자기가 구세주의 새로운 음성을 들었다는 거야."

"그래? 뭐라고 했는데?"

모두들 침을 꼴깍 삼켰다. 신통이 주먹으로 탁자를 '쿵' 하고 내리

쳤다.

"신도들의 정성에 감동한 구세주께서 지구를 구원하기로 마음을 바꾸었다는 거야."

세 사람의 입이 동시에 벌어졌다.

"에이, 그게 뭐야?"

똘이가 소리쳤다. 신통이 말을 이었다.

"그러자 그때까지 절망에 빠져서 한숨만 쉬던 신도들이 갑자기 '와' 하고 환호성을 질렀어. 기쁨의 눈물을 흘리며 서로를 얼싸안았지. 자기들의 믿음 덕분에 구원받았을 뿐만 아니라 지구가 종말을 피했다고 기뻐했어. 그러고는 그때부터 신도들의 태도가 싹 달라졌어. 그동안 묵묵히 기도만 드리던 사람들이 이후부터 열렬히 매스컴과 인터뷰를 하며 자신들의 믿음과 행동이 헛되지 않았다고 세상에 알리기 시작했단다."

세 사람이 거의 동시에 '휴' 하고 한숨을 쉬었다.

"참 어리석은 사람들이네."

"정말이야. 어떻게 그렇게 바보 같을 수가 있지?"

신통은 고개를 한 번 끄덕이더니 말을 이어 갔다.

"이해하기가 힘들지? 하지만 그들은 이상한 사람들이 아니라 우리와 똑같은 보통 사람들이었어. 이 신도들은 세상에 종말이 올 것이라고 굳게 믿고 종말을 맞을 준비를 열심히 했잖아. 그런데 실제로 종말은 오지 않았어. 이렇게 믿음과 현실이 서로 부딪치자 신도들은 혼란에 빠졌지. 이것을 '인지 부조화'라고 해. 마음속에서 인지 부조화가 일어나면 사람들은 이를 해소하려고 애를 쓴단다. 자신의 믿음 때문에 재산을 모두 정리하고 가족마저 버린 신도들이 미쳐 버리지 않기 위해서는 인지 부조화를 없애기 위해 현실을 받아들이기보다 끝까지 믿음을 지키는 것이 더 쉬운 방법이었을 거야. 현실을 바꿀 수는 없으니 차라리 자기 합리화를 한 거지."

"다이어트를 한다면서도 피자와 햄버거를 잔뜩 먹고 나서 살이 안 쪘다고 우기는 것과 똑같구나."

"이 녀석이!"

슬기가 주먹을 번쩍 쳐들었지만 똘이는 이미 피한 뒤였다.

"똘아, 누나 좀 그만 놀려!"

방통이 도망치려는 똘이를 붙잡아 자리에 앉혔다.

"똘이 너는 그런 경험 없니?"

"없긴 왜 없겠어?"

슬기가 아직도 분한 듯 씩씩거리며 일러바칠 준비를 했다.

"얼마 전에 똘이가 아주 비싼 자전거를 샀거든? 그런데 한 달도 못 돼서 고장이 났어. 지금도 걸핏하면 체인이 걸리고, 타이어 바람도 수시로 빠지고……."

"그래도 가볍고 디자인이 멋지잖아. 친구들도 내 자전거를 얼마나

2장 · 아무리 노력해도 오류에
빠지는 우리

부러워한다고."

똘이가 맞받아쳤다. 방통이 다시 두 손을 내저었다.

"그만 좀 싸워. 너희들은 왜 만나기만 하면 으르렁거리니? 그러면서도 왜 맨날 그렇게 붙어 다니는지. 너희들은 뭐, 남매 부조화냐?"

"어쨌든 슬기가 아주 좋은 예를 들었구나. 비싸게 주고 산 자전건데 고장이 자주 나니까 똘이는 마음이 불편하겠지. 이런 인지 부조화를 해소하려고 그래도 자전거가 가볍고 디자인은 훌륭하다고 자기 스스로를 위로하는 거지."

"맞아. 바로 그거야."

슬기가 같은 편을 만난 것처럼 신이 나서 떠들었다.

"인지 부조화가 생기면 누구나 그것을 해소하려고 노력해. 하지만 잘못된 행동임을 알고서도 자기 믿음을 관철하기 위해 계속 잘못된 행동을 하는 것은 어리석은 일이지. 자기의 잘못을 인정한 후그 행동을 고치는 것이 진정으로 용기 있고 훌륭한 일이야."

신통의 말을 듣고 슬기와 똘이도 고개를 끄덕였다. 그리고 슬기가 한 손을 들어 올렸다.

"인지 부조화를 해소하기 위해서 오늘부터 군것질은 절대 안 하겠음!"

똘이가 다시 한 번 '흥!' 하고 콧방귀를 뀌었다.

인지 부조화

1959년, 레온 페스팅거라는 미국의 사회심리학자는 자기가 일하는 스탠퍼드 대학의 학생들을 상대로 다음과 같은 공고를 냈다.

〈아주 중요한 심리 실험에 참가할 지원자를 모집합니다.〉

실험 중 학생들이 해야 할 일이란 나무판에 꽂혀 있는 수십 개의 나무못을 빼내 시계 방향으로 반 바퀴 돌린 다음 다시 제자리에 꽂는 작업이었다. 이렇게 지루하고 의미 없는 작업을 한 시간이나 해야 했다. 페스팅거는 작업을 모두 마친 학생들을 두 그룹으로 나눈 뒤, 한 그룹에게는 단돈 1달러를 주고, 다른 그룹의 학생들에게는 20달러를 주면서 이렇게 부탁했다. "다음 지원자에게 실험이 아주 재미있고 보람 있었다고 말해 주지 않겠나? 학생들의 참여를 북돋는 의미에서 말이야." 거짓말을 하라는 것이었다. 그런데 사실 다음 지원자인 척 기다리고 있던 학생은 페스팅거의 조수였다. 두 그룹 중 어느 쪽이 실험에 대해 더 좋은 평가를 내렸을까?

얼른 생각해 보면 20달러를 받은 학생들이 실험에 대해 긍정적인 평가를 내렸을 것 같다. 그러나 실험이 재미있었고 과학적인 의미도 클 것이라고 대답한 것은 예상과 달리 1달러를 받은 학생들이었다.

어째서 이런 결과가 나왔을까? 페스팅거는 그 까닭을 인지 부조화로 설명했다. 명문인 스탠퍼드대 학생으로서 단돈 1달러를 받고 지루하기만

한 실험이 재미있었다고 거짓말을 하는 것은 스스로 용납할 수 없는 일이었을 것이다. 이렇게 인지 부조화를 겪은 학생들은 실험이 실제로 어느 정도 재미있고 보람도 있었다고 믿는 쪽을 택했으며, 결국 자기는 거짓말을 한 것이 아니라고 믿었다는 것이다.

사람들은 자기가 어리석은 선택을 했다는 것을 알고 난 후에도 어떻게든 그 선택이 어쩔 수 없는 것이었다고 믿으려 애쓴다. 명백히 잘못된 판단이었음에도 불구하고 여러 이유를 들어 끝까지 자신이 옳았다고 우긴다. **합리적인 결론보다 부조리하더라도 자신의 믿음을 선택하는 것**, 이것이 바로 '인지 부조화의 원리'이다.

담배가 건강에 좋지 않다는 것을 뻔히 알면서도 '흡연자들 중에 100살 넘게 사는 사람도 많아, 담배보다 교통사고로 죽는 사람이 더 많아, 담배를 피우면 살도 안 쪄,' 하는 식으로 자기 합리화를 하는 것도 모두 인지 부조화를 해소하려는 것이다.

우리는 살아가면서 어쩔 수 없이 내키지 않는 일을 하게 될 때가 있다. 그러나 그것을 정당화하기 위해서 그 일이 하고 싶었다고 스스로를 속이지는 말자. 진정으로 자기 존중감이 높은 사람은 자기의 잘못된 선택이 옳았다고 끝까지 주장하는 사람이 아니라 자신의 실수를 솔직하게 인정하고 그 실수를 반복하지 않으려 노력하는 사람이다.

여우와 신 포도 ------------------------------

이솝 우화 가운데 「여우와 신 포도」라는 이야기가 있다.

어느 날, 여우 한 마리가 길을 가다가 높은 가지에 매달린 포도를 보았다.

"참 맛있겠다."

여우는 포도를 먹고 싶어서 펄쩍 뛰었다. 하지만 포도가 너무 높이 달려 있어서 여우의 발에 닿지 않았다.

여우는 다시 한 번 힘껏 뛰어 보았다. 그러나 여전히 포도에 발이 닿지 않았다. 여러 차례 있는 힘을 다해 뛰어 보았지만 번번이 실패했다.

여우는 결국 포도를 따 먹지 못하고 돌아가야 했다. 돌아가면서 여우가 말했다.

"저 포도는 너무 시어서 맛이 없을 거야."

처음에 여우는 그 포도가 맛있을 거라고 생각했다. 그러나 포도를 따 먹을 수 없게 되자 원래 가졌던 믿음을 버렸다. **인지 부조화를 해결하기 위해 포도를 따기 어렵다는 현실을 인정하는 대신, 신 포도라서 손에 넣을 가치가 없다는 핑계로 스스로를 속인 것이다.**

②-②

예상보다 언제나 늦어진다

"민서 왔구나! 오랜만이다!"

방통이 반갑게 민서를 맞았지만 민서는 아무 말 없이 고개만 끄덕하더니 소파에 책가방을 던졌다. 방통이 바나나 우유 한 잔을 민서 앞에 내려놓았다.

"오늘 시험 마지막 날이라더니, 잘 봤니? 민서야 수학은 잘하잖아?"

방통이 묻자 민서는 한숨부터 쉰다.

"휴, 수학만 잘 보면 뭐해요?"

방통이 조금 놀란 듯 눈을 동그랗게 떴다.

"왜? 다른 과목은…… 시험이 어려웠나 보구나?"

민서는 우유를 한 모금 꿀꺽 하더니 입가에 묻은 우유 거품을 살짝 혀로 핥았다.

"오늘 시험, 아주 망쳤어요. 거의 밤을 새우다시피 했는데도 시간이 부족해서 공부를 다 못 했거든요."

"저런, 어쩌다 밤까지 새웠어? 미리 좀 하지."

어느새 신통도 민서 앞에 앉았다.

"제 나름으로는 철저히 계획을 세웠지요. 저녁 8시까지는 국어 공부를 하고, 저녁 먹고, 9시부터는 다른 과목을 시작한다. 시험 범위가 얼마 안 돼서 다섯 시간이면 충분할 줄 알았어요. 그래서 세 시간 공부하고 12시에 잠깐 쉬었다가 12시 반부터 다시 두 시간, 그러면 새벽 2시 반에는 잠자리에 들어서, 아침 7시에 일어나면 문제없을 줄 알았지요. 시험은 9시부터니까."

"그런데? 잘 안됐어? 공부하다가 깜빡 잠이라도 든 거야? 아니면, 친구가 놀러 와서 그냥 놀아 버렸니?"

민서가 바나나 우유를 마저 마시더니 다시 입가에 묻은 거품을 혀로 핥았다.

"아니요. 친구랑 놀기는요? 친구들도 다 시험인데. 저는 정말 5시간이면 충분할 줄 알았어요. 그래서 12시까지 열심히, 정말 화장실도 안 가고 죽어라 열심히 했는데, 세상에, 국어밖에 못한 거예요. 사

2장 • 아무리 노력해도 오류에 빠지는 우리

회하고 도덕도 해야 하는데. 깜짝 놀라 쉬는 시간이고 뭐고 다 때려 치우고 계속해서 공부했어요."

"민서답지 않게 공부 열심히 했네?"

방통의 말에 민서가 눈을 흘겼다. 민서 눈에서 나온 레이저가 진 짜 레이저였다면 방통은 그 자리에서 시커먼 재가 되었을 것이다.

"그러다 머리에 김이 날 것 같아서 시계를 봤어요. 새벽 4시! 세상 에……. 그래도 시험 범위를 다 못 봤어요, 프린트물도 봐야 하는데."

신통이 이해가 간다는 듯이 부처님의 미소를 지었다.

"그래서 학교 갈 때까지 계속 공부한 거야? 밤을 새우다시피 했다 면서?"

"아니요."

민서가 갑자기 풀이 팍 죽어서는 고개를 숙이더니 머리털을 쥐어 뜯었다.

"깜빡 잠이 들고 말았어요. 깨어 보니 아침 8시, 아침도 못 먹고 부 랴부랴 학교로 뛰어갔어요. 그러니 시험이고 뭐고……."

민서는 탁자 아래에 있는 누군가와 대화하듯 고개를 푹 숙인 채 말했다. 신통이 탁자를 손가락으로 두들기자 민서가 고개를 들었다.

"예전에는 그런 적 없었니? 공부 계획을 열심히 세웠는데 늘 계획 보다 시간이 부족했던 적."

민서가 눈을 위로 치켜뜨고는 잠시 생각에 잠겼다.

14살에 시작하는 처음 심리학

"그러고 보니 매번 그랬던 거 같아요. 저는 항상 계획표를 세워서 공부를 하거든요. 그런데 계획보다 늘 시간이 더 많이 걸렸던 같아요."

"이상하다고 생각하지 않았니?"

"이상하다고 생각은 했지만 제가 계획을 잘못 세워서 그런 거 아니겠어요?"

"내 말은, 민서가 늘 계획을 잘못 세우는 게 이상하다고 생각하지 않았느냐는 뜻이야."

"예?"

민서는 잠깐 멍하게 있다가 방통 쪽을 바라보았다. 방통이 눈을 찡긋했다. 신통이 말을 이었다.

"민서뿐만이 아니야. 사람들은 대개 계획을 잘못 세워. 그것도 늘 낙관적으로 잘못 세우지. 실제보다 더 짧은 시간 안에 목표를 달성할 수 있다든지, 실제보다 돈을 덜 써서 완성할 수 있다든지, 실제보다 더 적은 인원으로 마칠 수 있다든지."

신통은 잠시 말을 멈추고 민서의 표정을 살폈다. 그러나 민서에게는 별로 위로가 안 되는 모양이었다. 신통은 얼른 헛기침을 한 다음 말을 이었다.

"흠, 로저 뷸러라는 캐나다의 심리학자가 대학교 졸업반 학생들을 상대로 작은 실험을 한 적이 있어. 대학교에서는 마지막 학기가

2장 · 아무리 노력해도 오류에 빠지는 우리

되면 졸업논문을 써야 하거든. 그런데 그 분량이 적지 않아. 학교마다 조금씩 다르겠지만 대개 A4 용지로 10매 이상은 써야 할 거야. 개중에는 30매 이상을 쓰는 학생도 많지."

"많이 쓰면 점수를 높게 주나요?"

"그렇게 믿고 많이 쓰는 거겠지? 하지만 많이 쓴다고 좋은 논문이 되는 건 아니니까. 어쨌든 뷸러는 학생들에게 두 가지 질문을 던졌어. 첫째, 논문을 별 탈 없이 쓸 수 있다면 얼마나 걸릴지, 둘째, 중간에 방해 요인이 생겼을 경우 늦어도 언제쯤이면 논문을 완성할 수 있을지. 민서 같으면 얼마나 걸릴 거 같니?"

"음…… 글쎄요. 한 달이면 되지 않을까요? 늦어도 두 달?"

민서가 이마에 주름을 잡으며 대답했다. 방통도 거들었다.

"까짓것, 평소 실력대로 3주면 쓰지 않을까? 물론 자료 조사는 다 끝났다는 전제하에. 늦어도 뭐 한 달?"

'뻥치고 있네!' 하는 표정으로 민서가 방통을 흘겨보며 입을 삐죽거렸다.

"그렇지? 뷸러가 가르쳤던 학생들도 빨리 쓰면 평균 24.7일, 늦어지면 평균 48.6일이라고 대답했어. 그런데 실제로는……."

"더 걸렸겠지?"

방통이 그럴 줄 알았다는 듯이 신통의 말을 잘랐다. 이번에는 민서도 방통과 생각이 같았다.

"얼마나 더 걸렸어요?"

"평균 55.5일이 걸렸어. 오직 30퍼센트의 학생들만 자기가 예상한 기한을 지켰지. 대부분의 학생들은 예상한 것보다 거의 두 배의 시간이 걸렸고, 중간에 방해 요인이 생겼을 경우의 예상 시간보다도 족히 일주일은 더 걸렸다고 해."

"나랑 비슷하네. 나도 다섯 시간 걸릴 거라고 생각했는데, 두 배도 더 걸렸으니까."

"중간에 잤다며?"

민서의 눈에서 다시 레이저가 튀어나왔다. 방통은 민서의 눈에서 나오는 레이저를 두 손바닥으로 막으며 말했다.

"일반 학생들이라서 그런 거겠지? 경험이 많은 전문가들이라면 조금 다르지 않을까?"

신통이 손으로 깍지를 끼어 뒤통수에 갖다 대고는 몸을 뒤로 젖혔다.

"전문가들이라고 해도 다르지 않아. 이 앞 지하철 공사도 계획보다 두 달이나 늦게 완공됐잖아. 모든 일은 항상 예상했던 것보다 오래 걸린다는 거야. 뷸러는 이것을 '계획의 오류'라고 불렀지."

민서가 고개를 끄덕거렸지만 인상은 펴지지 않았다. 뭔가 잘 이해가 안 된다는 뜻이었다.

"계획의 오류가 도대체 왜 생기는 거예요?"

"우리 스스로의 지식과 예측 능력을 지나치게 높이 평가하기 때문이겠지. 우리가 어떤 계획을 세울 때에는 모든 장애 요인을 충분히 고려하고 거기에 대비하려고 하지만, 실제와 맞닥뜨려 보면 생각지도 않은 문제들이 생기기 마련이야. 그리고 우리 능력을 과대평가하다 보니 소요 시간도 짧게 계산하고. 그에 따라 비용도 너무 적게 예상하게 되지."

"그럼 어떻게 해요? 계획을 아예 세우지 말아야 하나요?"

"으응, 그건 아니지. 계획을 좀 더 잘 세워야지. 과거에 그와 비슷한 경험을 바탕으로, 있을 수 있는 문제점을 더 꼼꼼히 예상해야 하겠지. 민서도 그동안 번번이 공부 계획을 잘못 세웠다고 했잖아. 앞으로는 자기가 할 수 있는 공부의 양을 지금까지의 경험에 비추어 정확히 계산해 넣어 봐. 그러면 제대로 된 계획을 세울 수 있을 거야."

"그래, 그래야 할 거 같다. 민서도 너무 자기 실력만 믿지 말고 앞으로는 공부 시간을 넉넉하게 잡아라."

방통이 말하자 민서가 다시 레이저를 날렸다.

"전문가들도 계획을 잘못 세운다잖아요. 그러니까 나도 계획을 잘못 세울 수 있는 거지요. 어쨌든 다음번에는 이번 경험을 바탕으로 제대로 된 계획을 세워야겠어요."

민서는 휴대폰을 꺼내 보더니 벌떡 일어나 소리쳤다.

"으악! 약속 시간에 늦었다! 삼촌들 다음에 봐요!"

민서는 사무실 문을 열고 바람처럼 나갔다. 그 바람에 탁자에 있던 컵이 넘어졌다. 방통이 컵을 치우면서 말했다.

"수학 시험은 그래도 잘 봤다는 거지?"

계획의 오류

어떤 일을 새로 시작할 때 우리가 맨 처음 하는 일은 계획을 세우는 것이다. 그럴 때 우리는 의욕에 넘쳐 있고, 이 일을 꼭 성공시키고 말겠다는 결의에 넘쳐 있으며, 자신감에 차 있고, 이 일을 성공시켰을 때의 기쁨과 보람을 생각하며 희망에 부풀어 오른다.

계획 중에서도 중요한 것이 일정 계획을 세우는 일이다. 기업에서는 이것이 특히 중요하다. 일정은 비용과 직접적인 관련이 있고 다음 프로젝트에도 영향을 주기 때문이다. 그러나 우리는 그동안의 경험에 비추어, 일정이란 잘 지켜지지 않는다는 것을 잘 안다. 늘 시간이 모자란다는 것도 잘 안다. 그래서 플래너에 빽빽이 일정을 적어 넣고 주도면밀하게 검토하면서 한 가지씩 실행해 나간다.

그럼에도 일정은 늦어진다. **예상치 않았던 문제가 발생하고, 계획에 없던 과제들이 중간에 끼어들고, 어느새 게을러진 자신을 발견한다. 그래서 일은 늘 계획대로 되지 않고, 계획된 일정보다 항상 늦어진다.**

이러한 현상을 **'호프스태터의 법칙'**이라고 한다. 미국의 심리학자 더글러스 호프스태터가 자기 이름을 따서 붙인 이름이다. 호프스태터는 짓궂게도 자신의 저서 『괴델, 에셔, 바흐: 영원한 황금 노끈』에서 이렇게까지 말했다. "당신의 예상보다 늘 더 오래 걸린다. 당신이 호프스태터의 법칙을 고려했다 하더라도." 일정이 늦어질 것이라고 예상해서 넉넉하게 일정을 잡아 놓더라도 그 넉넉한 일정보다 역시 더 늦어지게 된다는 말이다.

1994년에 미국의 심리학자 로저 뷸러는 실험을 통해 호프스태터의 법칙을 증명했다. 그러고는 여기에 **'계획의 오류'**라 이름 붙인 다음, 웬만해서는 피해 갈 수 없는, 다시 말해 사람이라면 피해 갈 수 없는 인지적 오류의 하나로 꼽았다.

왜 이런 오류가 생겨날까? 이에 대해 적지 않은 학자들이 다양한 설명을 내놓았다. 계획을 세울 때 작업 자체에만 집중한 나머지 작업 이외에 꼭 필요한 여러 가지 일정들을 축소해 버린다는 설명도 있다. 세부적인 작업에 걸리는 시간까지는 계획에 포함시키지 못한다는 이론도 있다.

그러나 결국 이것도 따지고 보면 필요한 모든 작업을 우리가 예상할 수 있다는 자신감 착각에서 나오는 것이라고 볼 수 있다. 해당 프로젝트에 관한 한 우리가 가장 잘 알고 있으며, 프로젝트가 진행되는 동안 우리는 늘 의욕에 넘칠 것이라는 자신감의 오류에서 나온 것일 수 있다. 너무나 의욕에 넘치는 나머지 모든 계획이 아무런 문제 없이 잘될 것이라는 막연한 낙관주의에서 나오는 것일 수도 있다.

하지만 실제로 일을 진행하다 보면 예상치 못한 문제가 여기저기서 터져 나오고, 쉽게 해결할 수 없는 새로운 과제가 제기되며, 자신과 동료 중 누군가는 의욕이 꺾일 수도 있다. 이런 문제를 하나하나 해결해 나가는 동안 아까운 시간이 속절없이 흘러가 버린다. 계획을 세울 때는 최상의 조건을 기대하지만 막상 현실에서는 그렇지 못하기 때문에 계획된 일정을 지키기란 정말이지 힘든 법이다.

계획의 오류에서 벗어나는 길은 우리가 계획을 잘못 세울 수도 있다는 사실을 받아들이는 것이다. 자기가 하는 일에 대해서는 자기가 가장 잘 안다는 착각에서도 벗어나야 한다. 늘 다른 사람의 의견을 참고하고, 과거의 경험을 비교해서 계획을 세워야 한다. 그리고 될 수 있으면 꼼꼼히 세부적으로 계획을 세우는 것이 그나마 오류를 줄이는 길이다.

'계획의 오류'로도 유명한 시드니 오페라하우스

오스트레일리아의 시드니에는 지붕이 요트의 돛 모양 같기도 하고 조가비 모양 같기도 한 멋진 건물이 있다. 바로 시드니 오페라하우스이다. 푸른 바다와 멋진 조화를 이루는 흰색의 오페라하우스는 시드니뿐만 아니라 오스트레일리아를 상징하는 건축물이다. 공연 예술의 중심지로서 여러 개의 극장과 연주회장, 녹음실, 전시장, 음악당, 도서관 등을 두루 갖춘 이 복합건물은 2007년에 유네스코 세계 문화유산으로 등재되었다.

시드니 오페라하우스는 멋진 건물로 유명할 뿐만 아니라 '계획의 오류'를 보여 주는 대표적인 사례로도 자주 입에 오르내린다. 1956년, 오스트레

오스트레일리아의 시드니 오페라하우스 전경.

일리아의 뉴사우스웨일스 주는 시드니에 오페라하우스를 짓기로 하고 국제 설계 대회를 열었다. 세계 최고의 건축가를 모셔 오려는 생각에서였다. 여기에서 일등을 거머쥔 이가 덴마크의 건축가 예른 웃손이었다.

웃손의 설계를 바탕으로 1957년에 시드니 오페라하우스의 설립 계획이 세워졌다. 77억 원의 비용을 들여 1963년에 완공하는 것이 원래 목표였다. 그런데 지붕에 사용할 특수 세라믹 타일을 개발하는 데에 3년 이상 걸렸고, 지붕 구조물을 짓는 데에는 8년이 걸렸다. 계획에는 없는 일이었다. 그래서 실제로는 1973년에야 영국 여왕 엘리자베스 2세가 테이프를 끊고 문을 열 수 있었다. 들어간 돈도 1100억 원으로, 계획보다 무려 14배의 비

2장 · 아무리 노력해도 오류에 빠지는 우리

용이 들었다.

한마디로 엉터리 계획이었다. 그러나 시드니 오페라하우스뿐만 아니라 세계 여러 나라의 큰 공사들에서 엉터리 계획이 자주 나타난다. 전문가들도 제대로 된 계획을 세울 수 없다는 뜻이다. 전문가들이 그런 형편이니 일반 사람들이야 오죽하겠는가. 그러니까 사람이란 원래 계획을 세우는 데에 서툰 존재라고 받아들이는 것이 마음 편하겠다.

2 - ③ 집에 책이 많으면 공부를 잘한다?

"이런 델 왜 오냐니까?"

"아, 당신은 내 말은 콧구멍으로도 안 듣잖아!"

신통, 방통이 오늘은 일찍 상담소 문을 닫고 영화나 보러 갈까 하고 있는데, 남녀 한 쌍이 악을 쓰면서 상담소 안으로 들어섰다. 남자가 여자의 팔을 붙들고 들어오는 것으로 보아 여자는 억지 춘향으로 끌려온 듯 보였다.

"어서 오세요."

방통이 재빨리 두 사람을 소파로 안내하고 보이차 두 잔을 내왔다.

2장 · 아무리 노력해도 오류에 빠지는 우리

"두 분, 혈압이 좀 오르신 거 같은데 이 차가 혈압을 낮추어 준답니다."

방통의 말에 두 남녀는 방통을 째려보았다. '이 양반이 지금 누구 약을 올리나?' 하는 뜻으로 보여 방통은 얼른 제자리에 가서 앉았다. 신통이 씩씩거리는 두 사람 앞에 앉으며 물었다.

"무슨 일로 그렇게 다투세요?"

"제 말씀 좀 들어 보십시오. 저희에게는 세 살짜리 딸과 다섯 살짜리 아들이 있습니다. 다들 그렇겠지만 저도 아이들이 공부 잘하고 똑똑한 아이들로 커 가는 것을 바라고 있습니다."

"그러니까 책을 많이 사 주어야지!"

여자가 소리를 지르고 나서 고개를 남편 반대쪽으로 휙 돌렸다.

"아, 정도껏 사 줘야지! 그림책만 사 주는 것도 아니고, 아직 글자도 모르는 애들인데."

남편이 아내를 힐끔 보고 말하더니 다시 신통을 향해 고개를 돌렸다.

"아이들에게 책을 사 주는 것은 저도 좋다고 생각합니다. 그래도 이건 너무 심해요. 월급의 절반 이상을 애들 책 사는 데 쓴다는 게 어디 말이나 됩니까?"

신통은 조금 놀라서 눈을 크게 떴다. 방통도 귀를 기울였다. 절반 이상이나? 책을 그렇게 많이? 글을 읽지도 못하는 아이들에게?

"언젠가는 읽을 거 아니야. 다 못 읽더라도 그중의 일부라도 읽으면 다 공부에 도움이 된다고."

여자가 똑바로 앉으며 말했다. 이때다 싶어 신통이 여자 쪽을 향해 질문을 던졌다.

"그런데 어머님은 왜 그렇게 책을 많이 사 주십니까?"

여자는 흠, 헛기침을 하고 차를 한 모금 꼴깍 마셨다. 그러고는 차맛이 별론지 인상을 썼다.

"신문 기사에서 본 적이 있어요. 집에 책이 많은 아이들이 그렇지 않은 아이들보다 학교 성적이 더 좋다고 나왔더라고요. 그러니까 책을 많이 사 주려고 하는 건데 그게 뭐가 나빠요? 아이들한테 투자하는 거잖아요. 내가 뭐 나 좋으라고 그러나요?"

"아, 누가 뭐래? 정도껏 해야지. 집에 가 봐. 어디 발 디딜 데나 있는가!"

부부가 동시에 팔짱을 끼고 다시 숨결이 거칠어지기 시작하자 신통이 두 손을 들어 보이며 두 사람을 진정시켰다.

"잠깐만요, 제가 재미있는 이야기 하나 해 드릴게요. 덩달이라는 애가 있었어요. 어느 날 덩달이가 과학 숙제를 하게 되었어요. 과학 숙제는 곤충 관찰 기록장을 써 오는 것이었지요. 덩달이는 무엇을 관찰할까 곰곰 생각하다가 평소에 자기 몸을 보금자리 삼아 살던 벼룩을 관찰하기로 했어요."

벼룩이라는 말에 부인은 몸을 흠칫했다. 그래도 관심이 생기는지 딴 데만 보고 있다가 신통에게로 시선을 고정했다.

"덩달이는 자기 몸에서 벼룩 한 마리를 잡아 방바닥에 내려놓았어요. 그러고는 방바닥에 앉아 있는 벼룩을 향해 소리쳤어요. '뛰어!' 그러자 벼룩이 폴짝 뛰었어요. 덩달이가 다시 한 번 '뛰어!' 하고 외쳤죠. 그러니까 이번에도 벼룩이 폴짝 뛰었어요. 덩달이는 벼룩의 뒷다리를 모두 떼어 낸 다음 다시 소리쳤어요. '뛰어!' 그런데 이번에는 벼룩이 옴짝달싹도 하지 않았어요. 덩달이는 무릎을 탁 치더니 관찰 기록장에 이렇게 썼답니다. '벼룩은 뒷다리를 떼어 내면 귀머거리가 된다.'"

신통의 이야기가 끝나자 남편이 '허허허!' 하고 어이가 없다는 듯이 웃었다.

"풋, 말도 안 돼!"

신경질만 부리던 부인도 처음으로 웃었다. 신통이 물었다.

"하하, 왜 말도 안 된다고 생각하시나요?"

질문을 받은 부인은 가자미눈을 뜨고 신통을 향해 말했다.

"다리를 뗀다고 무슨 귀머거리가 돼요, 귀머거리가! 그러니까 말이 안 되지요!"

"그럼 벼룩이 뛰라는 명령을 들었는데도 옴짝달싹도 하지 않은 원인은 무엇일까요?"

14살에 시작하는 처음 심리학

부인은 별 같잖은 질문을 다 들어 본다는 듯이 다시 한 번 신통을 가자미눈으로 노려보았다.

"다리를 뗐는데 그럼 어떻게 움직여요? 그리고 벌레가 명령을 듣기는 무슨……. 원인을 굳이 따지자면 다리를 뗀 것이겠지요."

"하하. 제가 너무 억지스러운 예를 들었나요? 덩달이처럼 어떤 일의 원인을 엉뚱한 데에서 찾는 것을 '원인 착각'이라고 합니다. 실제로 우리는 이런 원인 착각을 자주 하지요."

이번에는 남편이 관심을 보였다.

"원인 착각이라, 그런 말이 있군요. '까마귀 날자 배 떨어진다' 같은 경우도 원인 착각인가요?"

"예, 아주 좋은 예를 드셨습니다. 단순히 우연의 일치일 뿐인데 배가 떨어진 원인을 까마귀가 날아간 것으로 착각하는 것이지요. 보통 텔레비전을 가까이에서 보면 눈이 나빠진다고들 하잖아요? 그것도 대부분의 경우 원인 착각이라고 저는 생각합니다. 텔레비전을 가까이에서 보니까 눈이 나빠진 것이 아니라 눈이 나쁘기 때문에 텔레비전을 가까이에서 보는 건 아닐까요?"

"그럴 수도 있겠군요. 아이들이 텔레비전을 가까이에서 보면 안과부터 데려가야겠습니다."

"스코틀랜드의 어느 마을에서는 이런 일도 있었답니다. 아이들 머리에 갑자기 이가 많이 생겼는데, 처음에는 닥치는 대로 이를 잡았

답니다. 그런데 아이들 머리에서 이가 없어지자 아이들 몸에 병이 들어 열이 많이 났다고 해요. 그래서 반대로 이를 잡아 병이 난 아이들 머리에 일부러 넣어 주기도 했답니다. 이가 아이들 머릿속에서 자리를 잡고 살기 시작하면 병이 나았다고 하고요."

"아, 또 무슨 벌레 이야기야! 이번에는 이야?"

부인이 몸서리를 치며 말했다.

"그것도 그 원인 착각인가 뭔가 그거겠네! 이가 무슨 병을 낫게 해 줘요? 머리가 뜨끈뜨끈해서 살기 힘드니까 이가 도망갔겠지! 그러다가 병이 나아서 머리가 식으면 다시 돌아오고."

"네, 맞습니다. 또, 이런 얘기도 있어요. 미국 이야긴데요, 어느 도시에서 조사해 보니 소방관을 많이 투여한 화재일수록 피해 규모가 컸더랍니다. 그래서 그 도시의 시장은 즉각 소방관 수를 줄였다고 합니다."

이번에는 남편이 나섰다.

"정말로 있었던 일인가요? 아니, 그렇게 어리석은 사람이 시장을 하다니…… 화재 규모가 크니까 소방관을 많이 투입했겠지."

"네, 이것도 원인 착각의 한 예라고 할 수 있습니다. 이 밖에도 많은 예를 찾을 수 있을 거예요. 광고는 이런 원인 착각을 많이 이용하지요. 예쁜 탤런트가 화장품 광고를 한다든지, 날씬한 모델이 다이어트 약 광고를 한다든지…… 어느 쪽이 원인이고, 어느 쪽이 결과인지 조금만 따져 보면 우리는 원인 착각에 빠지지 않을 수 있……."

신통이 신나서 이야기를 하는데 부인이 말을 잘랐다.

"잠깐만요, 잠깐만요. 그런데 왜 이 이야기를 하시는 거지요? 그놈의 원인 착각이 우리하고 무슨 상관인데요?"

신통은 부인의 얼굴을 보다가 남편의 얼굴을 보았다. 남편은 고개를 끄덕했다.

"어머님, 아까 '집에 책이 많은 아이들이 그렇지 않은 아이들보다 학교 성적이 더 좋다'고 하셨지요? 아이들 학교 성적이 좋은 원인이 정말로 집에 책이 많아서일까요?"

부인이 무슨 대답을 하려다가 멈칫했다.

"저, 음……. 책만 많다고 성적이 저절로 오르지는 않겠지요. 그래도 책을 많이 보면 공부에 도움이 되잖아요."

"그럼 아이들이 책을 읽는 것이 더 중요하겠군요. 어떻게 하면 아이들이 책을 많이 읽을까요?"

"그야, 좋은 선생님을 만나야겠지요. 그렇잖아도 다음 달부터 독서 학습지 하나를 더 하려고 하고 있어요."

"어머님은 책을 많이 보시나요? 제 생각에는 독서 학습지보다 먼저 어머님이 책을 많이 보시는 게 도움이 될 거 같은데요."

"저는 바빠서……. 그래도 책을 읽는다고 읽고는 있어요."

그러자 남편이 '헷' 하는 소리를 냈다.

"책을 읽기는……, 하루 종일 텔레비전 앞에서 뒹굴뒹굴……."

"자기는 무슨 소리를 하는 거야? 내가 언제……. 알았어, 알았다고. 우리 이제 그만 가요. 소장님, 안녕히 계세요."

이번에는 부인이 남편의 팔을 붙잡았다.

"아, 아파! 이거 놔!"

남편이 부인에게 끌려 나가면서 소리를 질렀다. 그러고도 신통을 향해 한 손을 들어 올리며 인사하는 것을 잊지 않았다.

"아주머니가 진짜 원인이 뭔지 깨달으셨나 보네."

뒤에서 지켜보던 방통이 한마디 했다.

"그래도 아이 교육에 관심이 많은 부모들이 책을 많이 사긴 하지?"

신통이 빙그레 웃었다.

원인 착각

몇 해 전, 어느 방송국 뉴스 프로그램에서 '컴퓨터 게임의 폭력성'에 대한 간단한 실험을 한 적이 있다. 20여 명의 학생들이 컴퓨터 게임에 몰입해 있는 한 피시방, 기자가 게임이 한창 진행 중인 컴퓨터의 전원을 순간적으로 모두 꺼 버렸다. 그러자 곳곳에서 욕이 터져 나왔다. "어? 뭐야? 아이 씨, 이기고 있었는데……." 기자가 멘트를 했다. "순간적인 상황 변화를 받아들이지 못하고 곳곳에서 욕설과 함께 격한 반응이 터져 나옵니다. 폭력 게임의 주인공처럼 난폭하게 변해 버린 겁니다." 이어서 서울대의 한 심리학 교수가 부연 설명을 했다. "방해물이 나타났을 때 과다한 공격이 일어나면서 그 충동을 억제하지 못하는 경향이 있습니다."

이 뉴스가 나간 뒤, 시청자들의 패러디가 봇물처럼 쏟아져 나왔다.

"고기를 구워 먹는 식당에 가서 불판을 뒤집어 보았습니다. 사람들이 화를 많이 내는 것으로 보아 육식은 사람을 폭력적으로 만든다는 것을 알 수 있습니다."

"도서관의 불을 꺼 보았습니다. 조용해야 할 도서관에서 사람들이 웅성거리기 시작하는 것으로 보아 공부는 사람을 폭력적으로 만든다는 것을 알 수 있습니다."

컴퓨터 게임이 청소년 폭력 증가의 한 원인이라고 믿는 기자의 선입관

2장 · 아무리 노력해도 오류에 빠지는 우리

이 이런 무리한 내용의 뉴스를 보도하게 한 것이다. 이처럼 **선입관은 어떤 사건의 진정한 원인을 파악하지 못하게 하는 원인 착각을 일으킨다.**

원인 착각을 일으키는 또 한 가지 경우는 한 가지 원인으로 인해 두 사건이 동시에 일어날 때이다. 예를 들어 물놀이 사고가 많이 일어나는 날에는 아이스크림 소비가 늘어난다. 그러나 이것을 보고 물놀이 사고가 아이스크림 소비를 증가시키는 원인이라고 생각할 사람은 아무도 없을 것이다. 날씨가 더우니까 물놀이를 많이 하고 아이스크림을 많이 사 먹는 것이다.

그러나 현실에서는 동시에 일어나는 두 사건 사이의 원인 착각을 알아차리기가 쉽지 않다. 심장병 발병률이 낮은 것이 적포도주를 마시기 때문이라지만 확실치 않다. 채식을 하면 장수한다고 알려져 있지만 꼭 그런 것도 아니다. 심지어 흡연이 폐암 발생의 원인이라는 것을 밝히기 위해서 몇십 년 동안이나 재판을 해야 했다. 그만큼 진정한 원인을 밝히는 것은 어려운 일이다.

대개는 먼저 일어난 일이 나중에 일어난 일의 원인이기 쉽다. 이 때문에 원인 착각이 일어나기도 한다. **우연의 일치에 불과한데 단지 먼저 일어났기 때문에 원인으로 착각하기 쉬운 것이다.** 그러나 까마귀가 날자 배가 떨어졌다고 해서 꼭 까마귀가 배를 떨어뜨린 범인인 것은 아니다.

두 가지 일이 동시에 일어나거나 순차적으로 일어났을 때라도 꼼꼼히 살펴보아야 한다. 두 가지 일이 각각의 원인과 결과인지, 아니면 아무런 관계가 없는 우연의 일치인지.

집을 태우니 맛있는 돼지고기가?

영국의 수필가 찰스 램의 수필집 『엘리아 수필』에 「돼지구이를 논함」이라는 이야기가 실려 있다. 수필이라기보다 소설에 가까운 이 글의 내용을 간추려 보면 다음과 같다.

사람들이 고기를 익혀 먹을 줄 몰랐던 까마득한 옛날, 중국에 보보라는 말썽꾸러기 소년이 살고 있었다.

영국의 수필가 **찰스 램**(1775~1834).

어느 날, 아버지가 돼지 먹이를 구하러 숲 속에 가 있는 동안 보보는 불장난을 하다 그만 살고 있던 오두막을 홀라당 태우고 말았다. 그 바람에 오두막에서 기르던 새끼 돼지들도 몽땅 불에 타 죽어 버렸다. 아버지가 돌아오면 얼마나 혼이 날까, 보보는 눈앞이 캄캄했다.

보보는 서둘러 죽은 새끼 돼지들을 치우려다 너무 뜨거워 자기도 모르게 손가락을 입으로 가져갔다. 바로 그 순간이었다. 보보는 처음 맛보는 잘 익은 돼지구이의 맛에 반하고 말았다.

그때 보보의 아버지가 돌아왔다. 아버지는 재만 남은 오두막을 보고 보보에게 몽둥이세례를 퍼부었다. 보보는 엉엉 울면서도 아버지에게 돼지구이를 내밀었다. 돼지구이를 처음 먹어 본 아버지도 그 맛에 반하고 말

2장 • 아무리 노력해도 오류에 빠지는 우리

았다.

그 후로 웬일인지 보보네 오두막에서는 자주 불이 났다. 그래서 동네 사람들이 보보 아버지를 관청에 고발했다. 재판관 앞에 불려 간 보보 아버지는 그간의 사정을 이야기했다. 재판관도 구워진 돼지고기를 맛보았다. 그러고는 보보 아버지를 아무 말 없이 집으로 돌려보내 주었다.

괴이하게도 그 뒤부터 중국 땅 이곳저곳에서 원인을 알 수 없는 불이 시도 때도 없이 자주 일어났다고 한다.

원인 착각은 사건의 연결 고리를 잘못 파악할 때도 일어난다. 이야기 속에 나오는 옛날 중국 사람들은 집을 불에 태우면 돼지고기가 맛있어진다고 생각했다. 그러나 '집을 불태운다' → '돼지가 구워진다' → '맛있는 고기가 나온다'라는 연결 고리 전체를 파악하지 못하고 단 하나의 사건에만 주의를 집중했다. 그래서 맛있는 고기가 나오는 원인은 집을 불태우는 것이라는 원인 착각을 일으킨 것이다.

②-④

이번에는
반드시

"여러분, 안녕?"

"안녕하세요?"

오늘은 심통 클럽 모임이 있는 날이다.

"자, 다들 모였니? 오늘은 간단하고 재미있는 실험으로 시작해 볼까?"

심통 클럽 멤버 열 명이 눈을 반짝였다. 방통이 둥글게 모여 앉은 아이들에게 500원짜리 동전을 하나씩 나누어 주었다.

"지금부터 동전을 던져서 앞이 나오는지 뒤가 나오는지 각자 종이에 기록하는 거다. 앞, 뒤, 앞, 앞…… 이런 식으로 아홉 번을 던지도

2장 · 아무리 노력해도 오류에 빠지는 우리

록 한다. 동전이 도망갈지도 모르니까 엄지손가락으로 살짝 튕기도록 하자. 시작!"

아이들이 동전을 튕기는 동안 '탁, 데구루루' 하는 소리만이 조용한 교실에 울려 퍼졌다.

"다 했어요."

"저도요."

이윽고 동전 던지기가 끝났다. 신통이 물었다.

"다 끝났니? 그럼 자기가 기록한 것을 모두에게 보여 줄래?"

아이들이 기록한 종이를 들어 올렸다. '앞, 앞, 뒤, 뒤, 앞……', '뒤, 앞, 앞, 뒤, 뒤……', 당연하게도 결과는 모두 제각각이었다. 그런데 갑자기 환성이 터져 나왔다.

"와, 훈이 것 좀 봐!"

"왜? 왜?"

"와, 모두 앞이야."

훈이의 동전 던지기 결과를 보고 다들 환성을 질렀다. 다른 아이들은 앞과 뒤가 섞여 나왔는데 훈이만 아홉 번 모두 앞이 나왔으니 그럴 수밖에. 신통이 말했다.

"응, 좋아. 재미있는 결과가 나왔어. 이제 우리가 제대로 게임을 할 수 있겠구나."

신통이 훈이의 결과지를 받아 들고는 아이들에게 말했다.

"아홉 번 던졌는데 아홉 번 모두 앞이 나왔다. 다음번에는 뭐가 나올까? 너희들 한번 맞혀 볼래?"

아이들이 앞을 다투어 대답했다.

"뒤요!"

"이번에는 뒤가 나올 거예요."

"설마 이번에도 앞이 나올까?"

"앞이 나올 수도 있지."

신통이 손을 들어 올렸다.

"좋아, 좋아. 이번에도 앞이 나올 거라고 생각하는 사람?"

아무도 손을 들지 않았다.

"응? 한 명도 없어? 나는 이번에도 앞이 나올 거 같은데……."

신통이 심술궂은 미소를 지었다.

"에이, 그럴 리가 있어요? 연속해서 열 번 모두 앞이 나올 리는 없다고요."

"이번에는 뒤가 나올 거예요."

아이들은 말도 안 된다는 듯이 고개를 저었다. 신통이 말했다.

"좋아. 그럼 우리 내기를 하자. 이번에 뒤가 나오면 자기가 가지고 있는 500원을 가져도 좋다. 그 대신 앞이 나오면 그 돈은 반납하는 거야. 어때? 좋지?"

"예!"

97

2장 · 아무리 노력해도 오류에
빠지는 우리

아이들이 씩씩하게 대답했다.

"자, 그럼 훈이, 다시 한 번 부탁할까?"

아이들이 모두 훈이 곁으로 모여들었다. 훈이가 500원짜리 동전을 주먹 위에 올렸다. 그러고는 엄지손가락으로 조금 힘을 주어 동전을 튕겼다. 책상 위로 떨어진 동전이 빙그르르 회전하기 시작했다. 1초, 2초, 시간이 흘렀다.

"어?"

"이럴 수가!"

놀랍게도 또다시 동전의 앞면이 나왔다. 신통이 동전을 집어 들고 씩 웃었다.

"이번 내기는 내가 이겼는데?"

아이들은 내기에 진 것보다 결과에 더 놀라는 눈치였다.

"어떻게 이럴 수가 있어요?"

"이번에는 분명히 뒤가 나올 줄 알았는데……."

다들 다시 제자리에 앉자 신통이 말했다.

"너희들, 왜 이번에는 뒤가 나올 거라고 생각했니?"

"그렇잖아요. 어떻게 열 번이나 계속 앞이 나오겠어요?"

"확률상으로 굉장히 희박하잖아요, 그런 일은?"

용이가 대답하자 신통이 되물었다.

"확률상 정말 희박할까? 열 번 다 앞이 나올 확률이 얼마나 되는

데?"

"앞이 나올 확률이 2분의 1이고, 열 번 다 앞이 나오려면 2분의 1을 열 번 곱해야 하니까, 이게 얼마야?"

"로또 맞을 확률보다 낮을 거 같은데."

그러자 수학 잘하는 민서가 대답했다.

"2분의 1을 열 번 곱하면 1,024분의 1이야. 로또 맞을 확률은 800만분의 1도 안 되니까 그보다는 훨씬 높다고 봐야지. 하지만 어쨌든 열 번째에 앞이 나올 확률은 1,024분의 1이 아니라 2분의 1이야."

신통이 놀라면서 물었다.

"민서가 아주 잘 아는구나. 그런데 왜 뒤가 나올 거라고 답했니?"

"그냥 기분상으로요. 뒤가 나올 확률도 똑같이 2분의 1이잖아요?"

"맞아, 맞아. 음, 역시 수학을 잘하니까 확률에 대해서도 잘 알고 있구나. 민서 말대로 열 번째에 앞이 나올 확률은 1,024분의 1이 아니라, 2분의 1이야. 아홉 번 연속 앞이 나왔다고 해서 열 번째에 뒤가 나올 확률이 높아지지는 않아. 동전을 몇 번 던지든 서로 영향을 미치지 않으니까 말이야. 다시 말해 동전은 기억력이 없으니까 먼젓번에 뭐가 나왔는지 모른다 이거지. 단지 같은 쪽이 여러 번 나오면 다음번에는 다른 쪽이 나올 것 같은 느낌을 우리가 강하게 받을 뿐이지."

몇몇 아이들은 고개를 갸우뚱했고, 몇몇 아이들은 고개를 끄덕였

다. 신통이 말을 이었다.

"몬테카를로라는 유명한 휴양지가 있어. 1913년 여름, 이곳에 있는 한 카지노에서 신기한 일이 벌어졌단다. 룰렛을 도는 구슬이 잇따라 스무 번째나 검은색 칸으로 떨어진 거야. 아까 너희들처럼 다음번에는 구슬이 분명 빨간색으로 떨어질 것이라고 예상한 도박사들은 너 나 할 것 없이 빨간색에 돈을 걸었지. 그러나 스물한 번째도 구슬은 검은색으로 떨어졌어. 더 많은 도박사들이 모여들었지. 그런데 스물두 번째도 검은색. 사람은 점점 더 모여들고, 더 많은 돈이 빨간색에 걸렸지."

신통이 잠시 말을 멈추었다.

"그래서 어떻게 됐어요?"

아이들은 신통의 이야기가 이어지기를 기다렸다.

"게임은 그렇게 계속해서 이어졌어. 그러다가 결국 스물일곱 번째 가서야 구슬이 빨간색으로 떨어졌단다. 하지만 이미 수많은 도박꾼이 수십억 원의 돈을 잃고 난 뒤였어. 알거지가 된 사람들도 부지기수였지. 이렇게 앞에 일어난 일이 뒤에 일어난 일에 아무런 영향을 미치지 않음에도 불구하고 영향을 미친다고 믿는 경향을 '몬테카를로의 오류' 또는 '도박사의 오류'라고 부른단다."

"저희가 열 번째에는 반드시 뒤가 나올 것이라고 믿은 것도 도박사의 오류에 빠진 것이네요?"

"나는 도박사의 오류에 빠진 게 아니거든?"

민서가 항의했다. 신통이 웃었다.

"그렇다고 봐야지. 도박을 좋아하는 사람들이 수많은 돈을 잃고도 도박에서 빠져나오지 못하는 것은 바로 도박사의 오류에 빠져 있기 때문이야. '지금까지 돈을 잃었으니까 앞으로는 돈을 딸 거야.'라고 생각하는 거지. 그렇게 계속해서 도박을 하게 되는 거고."

"왜 사람들은 도박사의 오류에 빠지게 될까요?"

민서의 질문에 신통이 머리를 긁적였다.

"대답하기 쉽지 않은 질문이로구나. 음…… 일단 사람들은 서로 관계가 없는 사건들이라 하더라도 서로 관련이 있는 사건으로 묶어서 생각하려는 경향이 있단다. 너희들도 아홉 번째 동전 던지기와 열 번째 동전 던지기가 서로 관련이 있을 거라고 생각했잖아. 마찬가지로 아들을 계속해서 낳으면 이제 딸을 낳을 것이라고 생각하고, 앞이 많이 나왔으니까 이제 뒤가 나올 것이라고 생각하고, 검은색이 계속해서 나왔으니까 앞으로는 빨간색이 나올 것이라고 생각하고……. 이해가 가니?"

"뭐, 이해는 잘 안 가지만 무엇이 도박사의 오류인지는 알겠어요."

"무슨 일이 있을 때는 서로 관계가 있는 일인지 아닌지 잘 살피면 될 것 같아요."

"도박을 안 하면 되지 않을까요?"

2장 · 아무리 노력해도 오류에 빠지는 우리

용이가 말하자 아이들이 '와' 하고 웃었다.

"그래, 용이 말이 맞다. 꼭 도박이 아니더라도 우리가 좀 더 현명한 사람이 되려면 이런 오류에는 빠지지 말아야 하겠지? 그럼, 내가 오늘 딴 돈으로 간식이나 사 먹으러 갈까?"

아이들이 다시 한 번 '와' 하고 함성을 질렀다.

도박사의 오류

    누군가 슬롯머신 앞에서 20분이나 게임을 하다가 돈을 모두 잃고 자리에서 일어선다. 그러면 다른 사람이 재빨리 그 자리에 앉아 게임을 시작한다. 앞 사람이 20분 동안이나 기계에게 돈을 잃었으니까 이제는 기계가 돈을 잃을 차례라고 굳게 믿는다. 이처럼 **서로 아무런 관련이 없는 사건들 사이에서 관련성을 찾으려 하는 것이 바로 '도박사의 오류'이다.**

    매주 복권을 사도 매번 당첨되지 않았기 때문에 이번에는 당첨될 확률이 높아질 것이라는 잘못된 기대를 하는 것도 도박사의 오류이다. 그동안 나오지 않은 번호이기 때문에 이번에는 나올 것이라는 소위 '로또 정보'를 믿는 것도 도박사의 오류에 빠진 것이다.

    우리가 도박사의 오류에 빠지는 까닭은 이 세상이 균형을 이루고 있다고 믿기 때문이다. 예를 들어 우리나라의 중학교 2학년생들의 평균 지능지수가 100이라고 하자. 그런데 30명 정원의 똘이네 반 1번 학생의 지능지수는 150이다. 그렇다면 1번 학생을 뺀 나머지 반 학생들의 평균 지능지수는 얼마일까? 만약 100보다 작은 답을 말했다면 도박사의 오류에 빠진 것이다. 학생 한 명의 지능지수가 150이라 하더라도 나머지 29명의 지능지수는 전국 평균인 100으로 보아야 한다. 그런데 왜 100보다 작다고 했을까? 아마도 150과 같이 평균을 훨씬 넘는 학생이 있으니 똘이네 반에

2장 · 아무리 노력해도 오류에 빠지는 우리

는 지능지수가 훨씬 떨어지는 학생도 있을 것이라고 추측했기 때문일 것이다. 즉, 똘이네 반 안에서도 지능지수가 균형을 이루고 있을 것이라고 잘못 추리했기 때문이다. 이것이 바로 도박사의 오류이다.

독립적으로 일어나는 사건들 사이에서 균형을 이루게 도와주는 여신의 존재 같은 것은 없다. 앞에서 벌어지는 일이 서로 영향을 주고받지 않는 독립적인 사건들인지 그렇지 않은지 잘 살펴보아야 도박사의 오류에 빠지지 않을 수 있다.

축구 승부차기에서 이기려면

축구 경기에서 승부차기란 90분 동안의 전·후반전과 연장전을 모두 치렀음에도 불구하고 승부를 가리지 못했을 때, 양 팀에서 각각 다섯 명의 선수가 나와 한 번씩 번갈아 페널티킥을 차서 승부를 가리는 것을 말한다.

키커(공을 차는 선수)가 페널티킥을 차면 대개 골키퍼는 무조건 한쪽으로 다이빙한다. 공이 날아오는 방향을 본 다음에 몸을 날리면 좋겠지만, 그럴 시간이 없다. 그래서 처음부터 한쪽을 선택하고 몸을 날린다. 그럼 골키퍼는 무엇을 기준으로 자기가 다이빙할 방향을 선택하는 것일까?

영국 런던 대학의 인지 신경과학자 패트릭 해거드 교수의 연구에 따르면 골키퍼들 또한 도박사의 오류에 빠진다. 해거드 교수는 1976년부터

2012년 월드컵과 유러피언컵 경기에서 있었던 총 37차례의 승부차기를 보면서 골키퍼들의 행동을 분석했다. 그 결과 골키퍼들은 첫 번째 킥이 왼쪽으로 날아오면 두 번째 킥에서는 오른쪽으로 몸을 날리는 경향이 있었다. 두 번, 세 번 연속 같은

공을 막기 위해 몸을 날리고 있는 골기퍼.

쪽으로 공이 날아오면 반대쪽으로 몸을 날리는 경향이 더 심해졌다. 네 번째 킥에서 골키퍼가 반대쪽으로 몸을 날릴 확률은 무려 70퍼센트가 넘었다.

앞 선수들이 어떤 방향으로 공을 찼느냐 하는 것과 다음 선수가 어떤 방향으로 공을 찰 것인가 하는 것은 전혀 별개의 문제이다. 그런데도 골키퍼들은 앞 선수가 공을 찬 방향과 반대쪽으로 몸을 날렸다. 전형적인 '도박사의 오류'이다.

이 관찰을 바탕으로 해거드 교수는 키커들에게 다음과 같이 조언했다. "도박사의 오류를 이용하여 더 많은 골을 넣을 수 있다. 골키퍼가 기대하는 방향과 반대 방향으로 공을 차라." 승부차기를 할 때, 자기 앞 사람이 어느 쪽으로 슛을 날리는지 잘 보고, 같은 방향으로 공을 차라는 것이다.

제 3 장

상황이 나를
움직인다

세상에 나만큼 소중한 것은 없다. 나에 관한 한 모든 결정은 나 스스로 내린다. 그것이 나에게 허용되는 최소한의 자유이며, 최소한의 책임이기도 하다. 이렇게 생각하는 것이 우리의 상식이다. 하지만 정말 그럴까? 우리는 늘 우리 스스로의 힘으로 판단하고 결정을 내리며, 그것들을 바탕으로 행동할까? 우리는 결코 남의 눈치를 보지 않을까? 그렇다면 상황에 따라 달라지는 내 마음의 정체는 과연 무엇이란 말인가?

3 - ①

아무도 날 도와주지 않아!

"어휴, 정말! 사람들이 너무해!"

슬기가 상담소 문을 열고 들어서며 소리를 빽 질렀다. 열린 문틈으로 빗물이 들이쳤다. 밖은 비가 억수같이 쏟아졌다. 방통이 깜짝 놀라서 물었다.

"아니, 왜 그래? 무슨 일 있었니?"

그러고 보니 슬기는 온몸이 흠뻑 젖었고, 찢어진 청바지 무릎엔 진흙이 잔뜩 묻어 있었다. 우산살은 부러졌고, 책가방도 온통 진흙투성이였다. 책과 공책 몇 권은 손에 들려 있었다.

"물웅덩이를 피한다는 게 그만 미끄러졌지 뭐야? 우산은 날아가

109

고 책가방은 떨어지고 난리가 아닌데 아무도 도와주질 않잖아. 사람들이 어쩜 그럴 수가 있지?"

방통이 슬기에게 수건을 건네주었다. 슬기는 수건을 받아 들고 소파에 앉았다. 아직도 기가 막힌다는 표정이었다.

"자, 얼른 몸부터 닦아라. 감기 들겠다. 이거라도 걸치고."

신통도 조카의 꼴을 보고는 엉거주춤 책상에서 몸을 일으켰다. 그러고는 트레이닝복 윗도리를 내밀었다.

"정말이지 사람들이 너무 자기밖에 모르는 것 같아. 바로 눈앞에서 사람이 넘어졌는데도 본체만체하고……. 옆에 남자애들이 세 명이나 있었다고. 같은 여자인데 여자애들도 흘끔거리며 바라보기만 하고 그냥 가잖아."

방통이 슬기에게 따뜻한 레몬차를 갖다 주었다.

"그러게. 다들 너무했구나. 도시 사람들은 도무지 인정이라고는 눈곱만큼도 없으니……."

"흠, 슬기가 오늘 재수가 없었구나. 하지만 도시 사람들이 인정이 없어서 그런 것은 아닐 거야."

슬기가 갑자기 눈을 부라렸다.

"아니, 인정이 없는 게 아니면 뭐겠어? 삼촌은 또 무슨 효과 타령하려고 그러는 거 아니야, 흥!"

"응? 어떻게 알았니? 내 생각엔 슬기가 오늘 '방관자 효과'의 쓴맛

14살에 시작하는 처음 심리학

을 톡톡히 본 거 같은데?"

"방관자 효과?"

신통이 슬기에게서 수건을 건네받아 머리를 닦아 주며 말했다.

"1964년 미국 뉴욕에서 있었던 일이야. 제노비스라는 28세 여성이 퇴근 후 집으로 돌아가는 중이었어. 제노비스는 차를 주차장에 세워 두고 30미터쯤 떨어진 자기 아파트를 향해 걸어갔지. 그런데 갑자기 나타난 강도가 제노비스의 등을 칼로 두 번이나 찔렀어. 제노비스가 소리를 지르자 누군가 아파트 창문을 열고 그러지 말라고 소리쳤지. 강도는 그 소리에 도망을 쳤지만 아파트에 사는 다른 사람들은 아무도 나와 보지 않았어."

"아무도 막을 생각을 안 했단 말이야?"

방통도 궁금해졌는지 어느새 소파 건너편에 앉아 귀를 기울였다.

"응. 사람들은 창문을 슬쩍 열어 보고는 별일 아니라는 듯이 창문을 닫아 버렸어. 아무 일도 일어나지 않자 도망갔던 강도가 다시 돌아와 비틀거리는 제노비스를 수차례 더 칼로 찌르고는 돈을 빼앗아 달아나 버렸어."

"아니, 세상에! 사람들이 모두 어떻게 된 거 아니야?"

"그러게. 도시 사람들은 예나 지금이나 인정이라곤 병아리 눈물만큼도 없다니까!"

흥분 잘하는 방통이 침을 튀기며 말했다.

"강도가 달아날 때까지 무려 35분이나 걸렸지만 그동안 아무도 경찰에 신고조차 하지 않았어. 한참 지나서 마침내 구급차가 왔는데, 제노비스는 병원으로 가는 도중 죽고 말았단다."

"쯧쯧! 조금 일찍 경찰에 신고만 했더라도!"

방통이 기막혀하자 슬기도 흥분했다.

"아니, 강도랑 싸우지는 못할망정 어떻게 사람들이 신고도 안 해?"

"이해가 안 가는 일이었지. 다음 날 신문에 이 사건이 보도되자 미국 전역에서 난리가 났어. 신문 기사에 따르면 이 사건을 아파트에서 목격한 사람들이 무려 38명이나 있었대. 그런데 그중 어느 누구도 제노비스를 도와주거나 경찰에 신고하지 않았다고 해. 삭막하고 이기적인 도시 사람들의 심성을 상징하는 사건이라고 언론도 흥분해서 보도했단다."●

"그러게 너무하네. 우리나라라면 달랐을 거야, 분명히."

슬기가 몸서리를 쳤다. 신통이 아직 이야기가 안 끝났다는 듯이 손을 들어 올렸다.

"그런데 미국의 심리학자 빕 라타네라는 사람은 그렇게 생각하지 않았어. 라타네는 강도가 제노비스를 공격하는 것을 보고도 아무도 신고하지 않은 것은 오히려 너무 많은 사람들이 그 사건을 목격했기 때문이 아닐까 하고 의문을 가졌어. 라타네는 1968년에 다음과 같은 실험을 해 보았단다."

● **편집자 주**_이후에 기자가 제노비스 사건의 목격자 수를 과장하여 보도했다는 사실이 밝혀졌다. 그럼에도 이 사건이 방관자 효과의 사례로서 의미가 사라지는 것은 아니기 때문에 여전히 대표 사례로 인용되고 있다.

신통이 들려준 실험 내용은 이러했다. 실험에 참가하기로 한 사람을 잠깐 대기실에서 기다리게 한다. 그가 대기실에 앉아 있는 동안 벽에 뚫린 통풍구를 통해 연기가 들어온다. 2~3분 후 방 안에 연기가 가득 찬다. 이러한 사실을 참가자가 연구 팀에 알리러 방을 나서기까지 걸리는 시간은 얼마나 될까? 이를 알고자 하는 것이 이 실험의 목적이었다.

실험 결과, 대기실에 혼자 앉아 있던 참가자의 75퍼센트가 2분 이내에 연기가 난다고 신고했다. 그런데 대기실에 여러 명이 함께 있으면 신고를 하러 오는 비율이 낮아졌고, 신고하기까지 걸리는 시간도 길어졌다. 이런 현상은 대기실의 인원수가 많으면 많을수록 더 심해졌다.

"그것 참 이상하네? 목격한 사람이 많을수록 신고 시점이 빨라질 것 같은데, 정반대로 목격자가 혼자였을 때 더 일찍 신고를 했다는 이야긴가?"

슬기가 말했다. 방통이 고개를 끄덕였다.

"그럴 것도 같아. 목격자가 자기 혼자면 자기밖에 책임질 사람이 없으니까. 그런데 목격자가 여러 명일 때는 서로 '누군가 신고를 하겠지?' 하고 미루는 거지. 괜히 신고한다고 설치다가 호들갑 떤다고 면박당하지는 않을까 눈치를 보고 있었는지도 모르고."

"맞아. 특수한 상황에 처하면 사람들은 이게 무슨 상황일까 하고

3장 · 상황이 나를 움직인다

궁금해하면서도 다른 사람 눈치를 보게 되거든. 그러다 다른 사람들이 가만있으면 별일 아니다 싶어 아무 일도 안 하지."

"제노비스 사건 때도 그랬다는 거야, 삼촌?"

"응. 그때도 사람들은 남들이 가만있으니까 그저 흔하디흔한 부부 싸움일 거라고 생각한 거야. 그리고 지금 눈앞에서 벌어지는 일이 강도나 살인처럼 심각한 사건이라면 누군가 이미 신고를 했겠거니 생각한 거지. 이런 식으로 서로가 상대방에게 책임을 미루는 것을 방관자 효과라고 한단다. 사람이 죽어 가는데도 책임감을 못 느끼고 방관만 하고 있었다는 뜻이지."

슬기가 '휴' 하고 한숨을 쉬었다. 그러고는 자기의 찢어진 청바지를 바라보았다.

"그놈의 방관자 효과 때문에 나는 이 꼴이 된 거야? 그래도 나 같으면 누군가 어려움에 빠졌을 때 얼른 나서서 도와줄 텐데."

방통이 박수를 짝짝 쳤다.

"맞아. 우리 슬기라면 당연히 그랬을 거야. 물론 나도 그러겠지만, 하하. 내가 방관자 효과를 극복할 수 있는 좋은 방법을 가르쳐 주지."

"어떤 좋은 방법? 설마 앞으로는 보는 사람이 혼자일 때만 넘어지라는 얘기는 아니지?"

"하하하, 설마 내가 그러겠니?"

"응, 삼촌은 설마 그럴 사람 맞아!"

슬기가 콧방귀를 뀌었다.

"슬기 너는 못되게 말하기 학원이라도 다니니? 내가 슬기에게 영 인심을 잃었는걸. 그게 아니라, 자기가 곤란한 일을 겪을 때에 주변 사람이 여러 명 있다면 그중 한 사람을 구체적으로 지칭해 도움을 청하라는 말이지. '저기 안경 쓴 아저씨, 경찰에 신고 좀 해 주실래 요? 저기 빨간 스웨터 입은 아주머니, 119 좀 불러 주실래요?' 이런 식으로 말이야."

슬기는 입을 비쭉거리면서도 고개를 끄덕였다.

"응, 맞아. 앞으로는 그래야겠어. 아까도 '야, 너 줄무늬 티 입은 친 구, 내 가방 좀 들어 줘.' 이렇게 말했으면 그 친구가 도와주었을 텐 데. 방관자 효과를 아까까지는 몰랐잖아."

어느 틈엔지 비가 그친 모양이다. 신통이 창문을 열면서 말했다.

"그래도 방관자가 되기보다는 먼저 나서서 도와주는 사람이 되어 야겠지. 술에 취해 지하철 선로에 떨어진 사람을 구해 주다가 목숨 을 잃은 분도 있잖아. 그런 것을 보면 방관자 효과에 휘둘리는 수동 적인 사람들만 있는 것은 아니지."

슬기가 입을 꼭 다물었다. 창 안으로 햇살이 한 줄기 비쳐 들었다.

방관자 효과

길을 가다가 어려움에 처한 사람을 만난다. 어떤 아주머니 한 분이 쓰러져 있다. 몹시 다친 것 같기도 하고, 의식을 잃은 것 같기도 하다. 주위를 둘러보니 나 말고도 대여섯 사람이 이를 목격하였는데, 어찌 된 일인지 본체만체하고 그냥 지나간다. 하지만 선뜻 나서서 도와주기가 쉽지는 않다.

우리는 '꼭 내가 아니더라도 나보다 더 잘 도와줄 수 있는 사람이 나서겠지.' 하고 책임을 미룬다. '아무런 의학 지식도 없는 내가 섣불리 나섰다가 일을 더 그르치면 어떻게 해?' 하는 걱정이 앞선다. 이미 누군가 경찰이나 119에 신고를 해 놓은 상황인지도 모른다. 주위 사람들도 나와 비슷한 생각을 하기 때문에 선뜻 나서지 않고 다른 사람들 눈치를 살핀다. 아무도 나서지 않기 때문에 '별일이 아닌가 보다.' 하고 짐작하는 사람도 생긴다. 별일도 아닌데 도와주겠다고 나섰다가 괜히 호들갑 떤다고 핀잔을 들을지도 모른다.

이렇게 해서 아주머니는 아무 도움도 받지 못한다. 목격자가 한 사람이었다면 그 아주머니는 분명 도움을 받았을 것이다. 유일한 목격자는 책임을 많이 느끼기 때문이다. 자기 아니면 도와줄 사람이 없다는 것을 알기 때문이다.

그러나 아이러니하게도 목격자가 많기 때문에 아주머니는 도움을 받지 못한다. **책임이 나누어지기 때문에 목격자 한 사람 한 사람은 책임감을 적게 느끼게 되고, 결국은 도와주지 않는다.** 다시 말해 목격자가 한 사람 이상이 되면 도움을 줄 확률이 훨씬 더 떨어진다는 슬픈 결론이다. 이것을 **'방관자 효과'**라고 한다. 더 알기 쉽게 **'구경꾼 효과'**라고 부르는 학자도 있다.

방관자 효과처럼 이상한 현상이 왜 발생할까? 이것은 **남들과 같이 행동하려는 일종의 동조 현상** 때문이다. 남들과 달리 행동하면 불안감과 어색함을 느끼는 우리 심리 때문이다. 남들은 가만있는데 자기가 나서는 것이 거북하게 느껴지는 것이다.

그러나 사람은 기본적으로 다른 사람을 도우려는 마음을 갖고 있다. 그래서 자기가 책임져야 할 경우에는 기꺼이 도우려고 나선다. 자기가 손해 보는 일이 있다 하더라도. 그러므로 이렇게 생각해야 한다. 다른 사람이 도와줄 것이라고 생각해서 내가 도와주지 않으면 다른 사람들도 나와 똑같이 생각해서 도와주지 않을 것이라고. 그래서 결과적으로는 아무도 도와주지 않을 것이라고.

비겁한 방관자의 최후,
〈버스 44〉 ---------------------------------

대부분의 사람들이 방관자 효과의 지배를
받고 산다고는 하지만, 그중에는 용기 있는
사람도 있기 마련이다. 그래서 어려움에 처
한 사람을 못 본 체하고 지나치는 대부분의
사람들이 비난을 피할 수 없다. 2001년에 제
작된 데이얀 엉 감독의 단편 영화 〈버스 44〉
는 방관자들의 비겁함을 냉소적인 시각으로
비판하는 작품이다.

영화 〈버스 44〉(2001)의 포스터.

중국의 한 시골길을 버스가 달리고 있다.
길가에서 차를 기다리던 청년이 손을 흔들어 버스를 세운다. 2시간이나 기
다렸다는 말에 젊은 여성 운전사는 싹싹하고 친절한 미소를 짓는다. 그 뒤
한참을 달리던 버스는 2인조 강도의 습격을 받는다. 두 강도는 승객들의
금품을 모두 빼앗고 아무것도 내놓으려 하지 않는 승객을 때리기까지 한
다. 그러다 운전사를 훑어보고는 강제로 끌어 내린다.

청년은 승객들에게 그냥 두고 볼 거냐고 소리치지만 다들 고개를 돌린
다. 청년 혼자 강도들을 막아 보려 하지만 두 사람을 상대하기엔 역부족
이다.

만신창이가 되어 돌아온 운전사는 승객들을 말없이 한참 돌아본다. 뒤늦게 청년이 버스에 타려 하지만, 운전사는 청년을 버려둔 채 버스를 몰고 떠나 버린다.

청년은 다른 승용차를 얻어 타고 길을 가는데, 한쪽에서 교통사고 현장을 수습하는 경찰이 보인다. 청년이 탔던 44번 버스가 언덕 밑으로 굴러 떨어진 것이다. 운전사와 승객 전원이 사망했다는 경찰의 말에 청년은 허탈한 미소를 짓는다.

〈버스 44〉는 칸 영화제와 베니스 영화제를 비롯한 여러 영화제에서 상을 받았다. 실화를 바탕으로 한 영화라고 하니, 어쩌면 방관이란 인간의 본성인 것인지도 모를 일이다.

3 - 2

평범한 사람도
한없이
사악해질 수 있다

상담소 문이 열리더니 개구쟁이들이 우르르 몰려들어 왔다.

"아이구, 오늘은 손님들이 단체로 왔네. 어서들 와!"

똘이와 친구들이 소파 여기저기 자리를 잡고 앉았다. 방통은 닭이 모이 찍어 먹듯 손가락으로 콕콕 머릿수를 세어 보았다.

"그러니까 뭐야, 그 독일 아이도 가스실에 같이 들어간 거지?"

"그렇지. 가스실에서 같이 죽는 거지."

"자기들이 죽을 것을 알고 손을 잡은 거야?"

"정말 감동적인 장면이었어. 그런데 꼭 그렇게 죽어야 했나?"

신통이 의자 하나를 끌어다 앉으며 말했다.

"무슨 이야기야? 오늘 단체로 영화 본다더니, 영화 이야기니?"

"응, 삼촌. 〈줄무늬 파자마를 입은 소년〉이라는 영화를 봤어."

"아, 그 유대인 학살을 소재로 한 영화? 나도 봤지."

방통이 개구쟁이들에게 석류 주스 한 잔씩을 돌렸다. 아이들은 자기 차례가 되기도 전에 쟁반에 손을 뻗어 순식간에 입으로 가져갔다. 방통은 쟁반을 놓칠까 봐 이리저리 균형을 잡으려 애썼다.

"나는 이해가 안 돼요. 책에서 읽었는데, 독일 나치스가 유대인을 600만 명이나 학살했대요. 어떻게 그럴 수가 있는지……."

똘이의 말에 용이가 맞장구쳤다.

"맞아. 독일 사람들 가운데서도 유대인 학살에 반대하는 사람이 많았다던데."

"위에서 시키니까 시키는 대로 한 거잖아. 군인이라면 명령에 따라야지."

"그래도 그렇지. 나 같으면 그런 명령에는 안 따를 거 같아. 군인이라고 해서 잘못된 명령에도 따라야 한다는 법은 없잖아."

의견이 분분했다. 다들 주스를 마시느라 잠깐 조용해진 틈을 타 신통이 말했다.

"밀그램이라는 미국의 심리학자도 너희들과 똑같은 의문을 품었단다. 평범한 사람들이 어떻게 그렇게 사악한 짓을 할 수 있었는지 궁금했어. 그래서 실험을 하기로 했지. 밀그램은 학습에 관한 연구를 하겠다면서 피실험자 한 명을 뽑았어. 그 피실험자가 실험실에 가 보니 학생이 한 명 있었어. 밀그램은 학생을 의자에 앉히고 몸에 전기 케이블을 연결했어. 그리고 그 피실험자에게는 선생님 역할을 해 달라고 하면서 학생에게 문제를 내라고 했어. 그러고는 학생이 틀린 답을 할 때마다 전기 충격으로 벌을 주라고 했지. 교탁 위에는 조종 장치가 놓여 있었는데, 그 장치는 '가벼운 충격(15볼트)'에서부터 '생명에 위협을 줄 정도의 강력한 충격(450볼트)'에 이르기까지 강도 조절이 가능한 장치였어."

아이들은 귀가 쫑긋해서 신통의 이야기를 들었다.

"실험이 시작됐어. 그런데 그 학생은 문제를 낼 때마다 틀린 답을 했어. 피실험자는 몇 번 가벼운 충격을 주더니 학생이 자꾸 틀리자 점점 더 강한 충격을 주었어. 그러자 학생은 고통을 호소하기 시작했어. 150볼트까지 강도를 높이자 학생은 비명을 지르고 울면서 이제 그만하라고 애원했지. 자기는 심장병 환자라며."

"그때까지 그 피실험자는 시키는 대로만 했나요?"

"물론 피실험자는 학생이 아프다고 하자 밀그램에게 이 실험을 중단해야 하지 않느냐고 말했어. 하지만 밀그램은 계속하라고 요구했어."

"어떻게 그럴 수가 있어? 학생은 어떡하라구?"

똘이가 목소리를 높였다. 신통은 설명을 계속했다.

"물론 그 학생은 밀그램이 고용한 배우였어. 실제로 전기 충격도 가해지지 않았고, 그저 연극을 했을 뿐이야. 어쨌든 피실험자는 밀그램의 지시에 따라 350볼트까지 강도를 높였단다. 그러자 학생은 기절한 듯 아무런 반응을 보이지 않았어. 그제야 밀그램은 실험을 중단했지."

"세상에. 사람이 그렇게 고통스럽다고 하는데도 어떻게 전기 충격을 계속 주었을까요?"

"밀그램은 이 실험을 여러 차례 했는데, 모든 피실험자가 전기 충격을 285볼트로 올릴 때까지 밀그램의 명령에 복종했어. 더 놀라운 것은 피실험자들의 65퍼센트가 충격 강도를 450볼트까지 올렸다는 거야."

아이들은 하나같이 놀랍다는 표정을 지었다. 그러면서 한편으로는 아직도 이해가 안 간다는 얼굴이었다.

"설마 그렇게까지 하는 게 좋아서 그런 건 아니겠지요."

"응, 절대 그런 건 아니었어. 피실험자들은 모두 우리와 똑같은 아주 평범한 사람들이었어. 일부러 평범한 사람들만 골라서 한 실험이기도 했지. 실험의 목적이 평범한 사람들도 사악하게 변할 수 있을까를 조사해 보는 것이었잖아. 실제로 실험이 끝난 후 피실험자들은 전기 충격을 받는 사람만큼 자신들도 고통에 시달렸다고 해. 그런데도 실험자가 시켰다는 사실 하나만으로 계속 복종을 한 거지."

"훌륭하신 대학 교수님께서 시키신 거니까 뭔가 이유가 있겠지 하고 생각했을 거야."

"맞아. 사람들이 복종한 것은 명령을 내린 사람이 권위가 있었기 때문이야. 대학교수나 흰 가운을 걸친 의사, 제복을 입은 군인이나 경찰관에게 우리는 쉽게 복종하게 되지. 소위 권위에 복종하는 거야."

신통의 말에 학교에서 1, 2등을 다툰다는 우등생 훈이가 물었다.

"그래도 자기랑 잘 아는 사람한테는 그렇게 못할 거 같아요. 자기 가족이나 친구 같은 사람한테는요."

"그래서 밀그램은 실험 조건을 조금 바꾸어서 몇 가지 실험을 더 해 보았어."

신통이 들려준 실험 내용은 다음과 같았다.

'선생님'이 '학생'에게 벌을 주기 위해 장갑을 낀 손으로 학생을 만졌을 때는 30퍼센트만이 밀그램의 명령에 복종했다. '선생님'과 '학생'이 같은 방에 있을 때는 40퍼센트만이 권위에 복종했다. 두 사람이 서로 다른 방에 있지만 목소리가 들릴 때에는 60퍼센트가 복종했고, 두 사람이 서로 볼 수도 없고, 목소리도 들리지 않을 때에는 70퍼센트가 복종했다.

"이 실험 결과들을 놓고 보면 피해자가 피실험자와 친밀한 관계일수록 명령에 덜 복종한다는 것을 알 수 있어. 잠깐 손을 잡아 보았거나 직접 얼굴을 본 정도의 친밀감만 있어도 그 사람에게 고통을 주는 걸 힘들어한다는 거지. 나치스 친위대의 유대인 담당자였던 아돌프 아이히만은 유대인 집단 수용소를 딱 한 번 방문한 적이 있었는데, 유대인들의 처참한 몰골을 보고 구토를 했단다. 그러나 아이히만은 자기 사무실에 앉아서 상급 부대에서 내려온 명령서에 사인을 하고 명령만 따르면 되었기 때문에 그렇게 쉽게 유대인 학살에 가담할 수가 있었던 거지."

"아돌프 아이히만? 히틀러랑 이름이 똑같네요. 아마 자기더러 직접 사람을 죽이라고 했다면 절대 못 그랬을 거예요. 요즘에는 설마 이런 일이 없겠지요?"

"유대인 학살과 같이 무섭고 두려운 일은 덜하지만 세계 여러 곳에서 아직 전쟁과 종족 분쟁 등이 일어나고 있으니까 안심할 수는 없지. 꼭 이런 엄청난 일이 아니더라도 권위에 복종하는 우리의 습관 때문에 어처구니없는 일들이 일어난단다."

방통이 아는 체했다.

"그렇지. 의사가 엉터리 진료 지시를 해도 간호사들이 그대로 따른다든가, 조종사가 실수로 잘못된 지시를 내렸는데 부조종사가 그대로 따르는 바람에 사고가 난 일도 여러 차례 있었지. 그래서 요즘에는 윗선으로부터 잘못된 지시를 받았을 때는 곧장 본부에 보고하도록 승무원들을 교육하는 항공사들도 많아. 권위에 대한 복종이 사고를 일으키는 것을 막기 위해서지."

3장 · 상황이 나를 움직인다

평소에 말썽을 잘 부리는 철이가 말했다.

"부모님 말씀이라고 해서 꼭 따르라는 법은 없다 이거지요?"

"방금 뭐 들었니? 잘못된 명령에 따르지 말라는 거였잖아?"

"우리 부모님 말씀은 다 잘못되었다니까!"

"부모님 말씀 안 들었다가는 혼부터 날걸!"

아이들이 제각각 한마디씩 하자 상담소 안이 시장 바닥 같았다.

"자, 자, 나가서들 계속 떠들거라. 나는 이제 청소나 해야겠다. 내 명령을 따르렴."

방통이 아이들을 밖으로 몰아냈다. 그러고는 신통에게 물었다.

"그런데 그 아이히만이라는 작자는 어떻게 됐어?"

신통이 들여다보던 휴대폰을 방통에게 보여 주었다.

"나도 궁금해서 방금 찾아봤어. '독일 항복 후 가족과 함께 아르헨티나로 도망침. 리카르도 클레멘트라는 가짜 이름으로 부에노스아이레스 근교의 자동차 공장에 기계공으로 숨어들어 일하다가 1960년 5월 이스라엘의 비밀 정보기관 모사드에 의해 체포당하여 이스라엘로 끌려왔다. 1961년 12월 예루살렘의 법정에서 나치스 독일이 저지른 유대인 600만 명의 학살 책임을 추궁당한 끝에 사형 판결을 받고 1962년 6월 1일 교수형에 처해졌다.'"

방통이 고개를 끄덕이고는 어질러진 탁자 위를 보면서 크게 한숨을 쉬었다.

권위에 대한 복종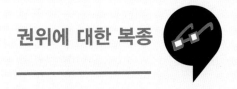

밀그램의 충격적인 실험 결과를 믿기 힘들었던 많은 학자는 스스로 결과를 확인해 보고자 했다. 그리하여 여러 나라에서 밀그램이 했던 것과 같은 실험이 이루어졌다. 하지만 결과는 마찬가지였다. 다른 나라 사람들도 교수가 시키는 대로 전압을 최대치까지 올렸다. 이것이 바로 권위의 힘이다.

이런 연구도 있었다. 한 병원 간호사실에 자기가 의사라고 주장하는 사람이 전화를 걸었다. 간호사들 가운데 이 의사를 아는 사람은 아무도 없었다. 자칭 의사라는 사람은 간호사에게 아스포텐이라는 약물을 어떤 환자에게 20밀리그램 주사하라고 지시를 내렸다. 그러고는 자신이 직접 환자를 보기 전에 약물 효과를 알아보고 싶으니 지금 당장 주사하라고 지시하며 처방전에 서명은 나중에 하겠다고 했다. 의사가 지시한 투여량은 약병에 적힌 최대 투여치의 두 배나 되는 양이었다. 게다가 병원에는 의사가 처방전에 서명하기 전에 간호사가 약물을 투여해서는 안 된다는 규정이 있는데도 전화를 받은 간호사의 95퍼센트가 가짜 의사의 지시에 따랐다.

권위의 힘을 보여 주는 또 다른 실험도 있다. 호감 가는 외모의 남성이 정장을 차려입고 런던 시내 지하철을 탔다. 이 남성은 좌석에 앉은 사람에게 다가가 "자리 좀 양보해 주시겠습니까?"라고 말했다. 거의 대부분의 사람이 자리를 내주었다. 단정한 신사의 예의 바른 말에 사람들은 모두 그럴 만한 이유가 있을 것이라고 생각했다. 신사다운 겉모습과 태도가 권위를 부여한 것이다.

그런데 우리는 왜 권위에 복종하는 것일까? 우리는 태어날 때부터 권위에 복종해야 한다고 배운다. 아주 어렸을 때는 엄마 말을 잘 들어야 야단을 맞지 않고, 조금 커서는 선생님 말씀을 잘 들어야 착한 학생이 된다. 군대에서는 상관의 명령에 복종하는 것이 군인의 의무이고, 회사에서는 상사의 말을 잘 들어야 회사 생활을 편하게 할 수 있다. 물론 법을 지키지 않으면 벌을 받는다. 이처럼 복종을 하지 않으면 손해를 보니, 권위에 복종하는 것이 마치 습관처럼 우리 몸에 밴다.

하지만 복종은 때로 매우 끔찍한 결과를 가져온다. 나치가 수많은 유대인을 학살한 것도, 미군이 베트남에서 민간인을 학살한 것도 권위에 대한 복종에서 비롯되었다. 그런 짓을 저지른 사람들은 하나같이 말한다. 자기는 **"시킨 대로 했을 뿐이다."** 라고.

일상생활 속 습관과 같은 복종이 합리적인 것인지, 명령을 내리는 사람이 자기 가족에게도 그러한 명령을 내릴 수 있을지, 우리는 곰곰이 생각해 봐야 한다. 그래야 억울한 피해자가 생기는 것을 막을 수 있고, 자신이 권위 있는 사람들의 꼭두각시가 되는 것을 피할 수 있다.

아이히만과 '악의 평범성' --------------------

마가레테 폰 트로타 감독의 영화 〈한나 아
렌트〉(2012)는 독일계 유대인 철학자이자 정
치 사상가인 한나 아렌트가 1960년부터
1964년까지 겪었던 실화를 다룬 영화이다.
1960년, 나치스의 유대인 학살을 지휘했던
악명 높은 아돌프 아이히만이 아르헨티나에
서 이스라엘 정보부에 붙잡힌다. 아이히만이
이스라엘에서 재판 받는다는 소식을 듣고,
아렌트(바바라 수코바)는 〈뉴요커〉의 특별 취재

1961년, 이스라엘 법정에 선 **아돌프
아이히만**(1906~1962).

원 자격으로 그 재판 과정을 취재하게 된다. 1961년 12월, 아이히만의 재
판을 지켜본 아렌트는 「예루살렘의 아이히만」이라는 제목의 보고서를 작
성한다.

아렌트가 보기에 피고석에 앉아 있는 아이히만은 우리 주변 어디서나
볼 수 있는 아주 평범한 중년 남성이었다. 나치스의 이념에 열광하는 광신
도도 아니었고, 유대인을 고문하여 가스실로 보낼 사람은 더더욱 아니었
다. 아이히만은 그저 권위 있는 상관의 명령에 복종했을 뿐이다. 아이히만
은 "나는 명령에 따랐을 뿐이며 명령은 따라야 하는 것"이라고 되풀이했
다. 그 명령이 수백만 명의 죄 없는 사람들을 죽이는 것이라 하더라도!

3장 · 상황이 나를 움직인다

아렌트는 아이히만뿐만 아니라 누구라도 이럴 수 있다고 생각했다. 아렌트는 이런 생각을 '악의 평범성'이라고 불렀다. **악이란 뿔 달린 악마처럼 별스럽고 괴이한 존재가 아니라 선과 마찬가지로 우리 누구나 지니고 있다는 것이다.**

우리가 아이히만처럼 악행을 저지를지도 모를 순간이 왔을 때, 그러지 않을 방법은 '생각'하는 것뿐이다. '누구나 다 하는데, 뭐.', '나 하나만 반대한다고 뭐가 달라지겠어?', '시키는 대로만 하면 돼.'라고 핑계를 대면서 생각하기를 그만둔다면, 평범하고 선량한 우리 또한 언제든 악을 저지를 수 있다. 좀 더 나은 세상을 만들고 싶다면 어떤 이념이나 지도자를 무조건 따르지 말고 스스로 생각하고 행동해야 한다는 뜻이다.

3 - 3

왕따가 되기 싫어서 왕따를 한다?

퇴근 시간이 가까운 오후, 이제 올 사람이 더는 없겠다 싶은 시간, 상담소 문이 살며시 열렸다. 방통이 '응? 누굴까?' 하고 문 쪽을 바라보니, 뜻밖에 슬기다. 보니까 힘이 하나도 없다. 소파에 털썩 주저 앉는 슬기 앞에 방통이 딸기 주스 한 잔을 내려놓는다.

"왜 그렇게 힘이 없어? 학교에서 무슨 일 있었니?"

슬기는 멍하니 앞만 바라보다가 눈을 감았다. 눈물이 주르륵 흘러 내렸다.

"슬기야, 무슨 일이야?"

신통도 얼른 슬기 앞에 앉았다.

"응? 무슨 일인데 그래?"

슬기는 신통이 건넨 화장지를 받아 들어 눈물을 닦았다. 그러고는 코를 훌쩍였다.

"삼촌, 나는 정말 나쁜 아인가 봐. 속상해 죽겠어."

두 삼촌은 궁금함 반, 걱정 반으로 슬기 얼굴을 빤히 쳐다보았다. 차마 말은 꺼내지 못하고, 슬기가 먼저 이야기를 꺼내기만 기다렸다.

"소영이한테 미안해서 어떡해? 정말 그러면 안 되는데……."

중간중간 한숨을 쉬어 가며 슬기는 그날 학교에서 있었던 이야기를 들려주었다.

슬기네 반에 소영이라는 애가 있다. 아주 내성적인 아이라 하루 종일 거의 한마디도 안 하고 지내는 아이다. 붙들고 앉아 말을 시켜야 겨우 대답하는 정도이고, 복도에서 살짝 부딪히기라도 하면 먼저 "미안해." 하고는 고개를 숙이며 달아난다. 그런데 소영이는 아주 특별한 재주가 있다. 그림을 아주 잘 그린다. 우연히 소영이가 갖고 다니는 노트를 보았는데, 학교 화단에 있는 장미를 실물처럼 잘 그려 놓았다.

사건은 그날 점심시간에 터졌다. 다른 아이들이 졸거나 수다를 떨고 있을 때 소영이는 노트를 꺼내 그림을 그렸다. 그것을 본 현아가 소영이에게 다가가 노트를 빼앗았다.

"안 돼! 이리 줘!"

"가만있어 봐. 아쭈, 이것 봐라. 우리를 그린 거잖아."

"이리 달라니까!"

소영이가 애원을 했지만 소용없었다. 덩치도 크고 힘이 센 현아는 오른팔 팔꿈치로 소영이 어깨와 가슴팍을 누른 채, 다른 손으로 노트를 넘기며 큰 소리로 말했다.

"이거는 미정이, 이거는 슬기, 이거는 누구야? 나야? 내가 이렇게 생겼어? 그리고 이거는 정아."

이름 불린 애들이 모여들었다.

"그림 잘 그렸네. 너랑 똑같다, 야!"

"야, 네가 뭔데 나를 그려? 이거 초상권 침해 아니야?"

슬기도 그림들을 보았다. 웃는 얼굴, 책을 보는 얼굴, 이야기하는 얼굴, 친구들의 여러 모습을 연필로 그린 그림이었다.

"미, 미안해. 별 생각 없이 그렸어. 미안해."

소영이가 연신 잘못했다고 빌었지만, 현아는 들은 체도 하지 않았다.

"이거 우리를 그린 거니까 우리가 가져가도 되지?"

현아는 노트를 한 장 한 장 찢어 아이들에게 나누어 주었다. 애들은 씩 웃으면서 그림을 받기도 하고, 인상을 쓰면서 받기도 했다. 슬기는 그때 자신이 무슨 표정을 지었는지 기억나지 않는다. 다만 소영이가 흘리는 눈물만 보였다. 현아가 말했다.

"이게 그동안 가만히 놔두었더니 속으로 호박씨를 까고 있었네! 도대체 네 머릿속엔 뭐가 들었냐? 뭐가 들었길래 맨날 이상한 짓만 하는 거야? 야, 너희들 앞으로 얘한테 말도 걸지 마. 알았지?"

현아는 그림을 박박 찢어 버렸다.

"응."

"나도 바라던 바야."

미정이와 정아가 대답했다. 그리고 현아를 따라 그림을 박박 찢었다.

"슬기, 너는 왜 대답이 없어? 너, 이 찌질이랑 친해? 얘랑 친구라도 먹을 거냐구!"

"아, 아니. 알았어. 대답하려고 했어."

슬기는 얼떨결에 그렇게 대답했다. 그리고 그림을 천천히 구겼다. 차마 찢을 수는 없었다.

"이게 그 그림이야."

슬기가 가방에서 그림을 꺼냈다. 구겨진 종이에 책을 읽는 슬기가 그려져 있었다. 신통이 그림을 보면서 말했다.

"그런 일이 있었구나. 소영이 때문에 마음이 아파서 그런 거구나."

방통이 슬기 어깨에 손을 얹었다.

"아니야, 그런 게 아니야."

방통이 조금 놀라는 표정으로 슬기를 보았다.

"소영이가 안됐기도 하지만, 나는 나 자신 때문에 화가 나."

신통이 고개를 끄덕였다. 슬기 마음을 알겠다는 뜻일까?

"소영이는 우리 반에 친구라고는 나밖에 없다고 생각했을 거야.
그런데 나는 소영이 편을 들어 주지 않았잖아. 내가 그때 왜 그렇게
대답했는지 모르겠어."

슬기가 다시 눈물을 찍어 냈다. 신통이 물었다.

"너는 다른 아이들하고도 친한 친구잖아?"

"응, 소영이보다 걔들하고 더 친하지. 맨날 붙어 다니니까."

"그 친구들이 모두 소영이를 놀리고 따돌리자고 했을 때, 네가 안
그러겠다고 하는 것은 무척이나 어려웠을 거야."

"음…… 그랬던 거 같아. 내가 소영이 편을 들었다가는 걔들은 나
하고도 안 놀 거야. 분명해."

"그래, 너는 친구들을 잃을까 봐 두려웠겠지. 아무리 자기주장이
강한 사람이라 하더라도 대다수의 의견에 반대하기는 어려운 법이
야. 솔로몬 아시라는 미국의 심리학자가 실험을 한 게 있어."

신통이 들려준 실험 내용은 다음과 같다.

한 남자가 시각에 관한 실험을 한다는 말을 듣고 방 안으로 들어
갔다. 방 안에는 이미 여섯 명의 남녀가 앉아 있었다. 잠시 후 실험자

가 들어왔다. 실험자는 먼저 카드 한 장을 보여 주었다. 카드에는 선 하나가 그려져 있을 뿐이었다. 그것이 기준선이었다. 그런 다음, 실험자는 다른 카드 한 장을 보여 주었다. 그 카드에는 길이가 다른 세 개의 선 A, B, C가 그려져 있었다. 실험자가 첫 번째 피실험자에게 물었다.

"기준선과 길이가 같은 선은 어느 것인가요?"

"A요."

그 남자는 깜짝 놀란다. 첫 번째 피실험자가 너무도 당당하게 대답했기 때문이다.

'저 사람 눈이 어떻게 된 거 아니야? 누가 보더라도 B하고 길이가 같은데……'

실험자가 두 번째 피실험자에게 물었다.

"기준선과 길이가 같은 선은 어느 것인가요?"

"A요."

그 남자는 더욱 놀란다. 이게 어찌 된 일이야?

그러나 세 번째, 네 번째, 다섯 번째, 그리고 마지막 여섯 번째 피실험자도 기준선과 길이가 같은 선은 A라고 대답했다. 모두가 한 치의 망설임도 없이 당연하다는 듯이 대답했다. 이제 그 남자가 대답할 차례다. 그 남자는 무엇이라고 대답할까? (물론 그 남자는 모르고 있지만, 앞의 여섯 명은 실험자와 미리 짜고 엉터리 답을 했다.)

"그렇게 명백히 답을 알 수 있다면 자기 생각대로 말하지 않았을까?"

슬기가 빨개진 눈으로 대답했다. 많이 진정된 모습이었다.

"아시도 그러리라고 기대했지. 하지만 실험 결과는 아주 놀라웠어. 여러 차례 비슷한 실험을 해 보았는데, 자기 눈에 보이는 대로, 다시 말해 자기 주관대로 처음부터 끝까지 바른 답을 한 사람은 25퍼센트에 불과했단다. 나머지 사람들은 두 번에 한 번 정도는 틀린 답을 했다고 해. 앞에서 답한 여섯 명이 모두 똑같은 답을 하니까 자기도 여섯 명과 똑같은 답을 한 거지. 이런 상황이 주어지면 우리는 대다수의 의견에 동조하기가 쉽지. 혹시 자기가 잘못 본 것은 아닐까 하고."

"내가 아이들을 따라 소영이 편을 들지 않은 것처럼……. 그런데 도대체 사람들은 왜 그러는 거야?"

"우리 인류가 그렇게 진화해 온 덕분이지. 인류가 아직 사냥을 하면서 살던 때를 상상해 봐. 사냥감을 찾아 들판을 헤매는데, 주위에 있던 동료들이 갑자기 도망을 치는 거야. 그러면 너는 동료들이 왜 도망을 치는지 알아보겠니, 아니면 일단 동료들을 따라 도망을 치겠니?"

"그야 일단 도망부터 치겠지. 무슨 일인지는 나중에 알아봐도 되니까."

"맞아. 무슨 일인지 알아보려 하다가는 사자 밥이 될 수도 있으니까. 이처럼 아주 오래전부터 다수의 행동을 따르는 것은 우리가 살아남기 위한 훌륭한 생존 전략이었던 거야."

"나도 텔레비전에서 보았는데, 세 사람만 있으면 그런 동조 현상을 이끌어 낼 수 있다고 하더라고. 길에 서서 세 사람이 하늘을 보고 있으니까 주변 사람들이 모두 무슨 일인가 하고 하늘을 바라보더라니까. 나중에는 수십 명이나 되는 사람들이 하늘을 보았지."

방통이 한마디 덧붙였다.

"맞아. 우리 유전자에 다수의 의견을 따르는 동조 유전자가 생겨났다고 봐야지. 그래서 요즘에는 생존과는 상관없는 데서도 동조 유전자가 발휘되곤 해. 텔레비전 코미디 프로에서는 가짜 웃음소리를 넣잖아. 그럼 시청자들도 그 웃음을 따라 더 많이 웃거든."

"그래도 나는 소영이 편을 들었어야 해. 유전자가 어떻든 간에."

신통이 웃음기를 거두고 말했다.

"맞아. 서머싯 몸이라는 작가는 『면도날』이라는 작품을 통해 이렇게 말했지. '수많은 사람들이 뭔가를 믿는다고 해서 그것이 진실이라는 보장은 어디에도 없다.'"

"삼촌, 이제 난 어떡하지?"

"아시는 앞의 실험과 비슷한 실험을 여러 차례 했는데, 한 번은 자기랑 미리 말을 맞춘 여섯 사람 가운데 한 사람에게만 옳은 답을 하라고 지시했어. 그랬더니 피실험자 전부가 그 사람을 따라 옳은 답을 했대. 우리가 다수의 의견을 따르는 유전자를 갖고 있기는 하지만 누구 한 사람이라도 자기와 같은 의견을 보이면 기꺼이 자기 의견을 밝힌다는 거지. 그것이 다수의 의견과는 다르더라도."

"그래서? 그게 어떻다는 거야?"

"슬기 친구들 중 한 명에게 가서 너의 솔직한 마음을 털어놓는 것이 어떻겠니? 그 친구도 그때는 어쩔 수 없이 다수 의견에 동조했지만 속으론 너처럼 속상해하고 있을지도 모르잖아."

"그래, 맞아. 미정이라면 이야기가 통할지도 몰라. 삼촌, 고마워!"

슬기는 곧장 가방에서 휴대폰을 찾으며 상담소 밖으로 뛰어나갔다. 방통이 어질러진 탁자 위를 치웠다.

"딸기 주스는 한 모금도 안 마셨네? 그렇게 좋아하는 딸기 주스를……."

동조 현상

제주도로 수학여행을 갔다. 용두암 구경도 하고, 용연 구름다리도 건넜다. 그러나 수학여행의 묘미는 낮의 일정을 모두 마치고 돌아온 숙소에서 시작된다. 이때가 아니면 친구들과 언제 함께 밤을 새워 놀겠는가. 적당히 놀고 일찍 자라, 내일도 피곤할 테니. 선생님은 무심한 듯 말씀하시지만, 일찍 잘 아이들이 아니다.

이럴 때 술을 꺼내는 아이들이 있다. 다들 들뜬 기분에 한 모금씩 마신다. 나는 조금 망설여진다. 그런데 다른 친구들이 나를 빤히 쳐다본다. 빨리 안 마시고 뭐하냐는 눈빛이다. 여러분이라면 어떻게 할까?

웬만한 원칙과 고집이 없다면 버티기 힘들 것이다. 분위기를 깨는 것이 두려워 친구들의 눈빛을 이기지 못하고 입에 술을 댈 것이다. 이렇게 **여러 사람이 주는 압력에 견디지 못하고 그 집단의 뜻과 행동에 따르는 것**을 심리학에서는 '**동조**'라고 한다. 교사나 경찰, 의사처럼 권위 있는 사람이 시키는 대로 하는 것을 복종이라고 한다면, 동조는 **나와 대등한 위치에 있는 사람과 똑같이 행동하는 것**을 말한다.

이러한 동조 경향은 대부분 좋은 결과를 가져온다. 처음 와 본 외국 식당에서 식사 예절을 잘 몰라 헤매게 되더라도 주위 사람들이 하는 대로 따라 하면 그런대로 곤란한 상황을 넘길 수 있다. 유원지나 박물관처럼 복잡

한 곳에서 생판 모르는 길을 찾을 때에도 사람들이 많이 가는 쪽을 따라가면 정답일 때가 많다.

그러나 동조가 꼭 좋은 결과만을 가져오는 것은 아니다. 담배가 몸에 해롭다는 것을 알면서도 친구들이 다 피우니까 나도 어쩔 수 없이 함께 담배를 피우는 것은 결코 바람직한 일이 아니다. 왕따가 되지 않으려고 같은 반 친구를 왕따시키는 것은 나쁜 짓이다.

모두가 '맞다'라고 하는데, 나만 '아니다'라고 말하는 것은 어려운 일이다. 그러나 그 가운데 용기 있는 어느 한 사람이 일어나 '나는 그렇게 생각하지 않는다'라고 이야기해 주면, 나도 '아니다'라고 말할 용기를 얻는다. 다른 사람들도 마찬가지다. 그러므로 회의 시간에 자신의 의견이 다른 사람들의 의견과 다르더라도 용기를 갖고 자신의 견해를 분명히 밝히는 것이 좋다. 그러한 행동이 누군가에게는 큰 힘이 될 수도 있으니까.

모두가 '맞다'고 말할 때, 〈12명의 성난 사람들〉 -----------------------

시드니 루멧 감독의 영화 〈12명의 성난 사람들〉(1957)에서 배심원 12명은 한 살인 사건에 대한 최종 판단을 내리기 위해 회의실에 모인다. 18세 소년이 아버지를 잔인하게 살해했다는 혐의를 받고 있는 사건이다. 재판에

서는 소년이 범인이라는 증거도 있고, 증인
도 있다. 틀림없이 소년이 범인이라는 분위
기가 압도적이다.

회의실, 날씨는 무덥고 선풍기조차 돌아
가지 않는다. 짜증스럽다. 빨리 결정을 내린
후 집으로 돌아가거나 일하러 가거나 야구
구경을 가고 싶다. 판결은 만장일치여야 한
다. 본격적인 논의에 앞서 투표를 하기로 한
다. 모두의 의견이 같으면 논의할 필요가 없

영화 〈12명의 성난 사람들〉(1957)의 포
스터.

기 때문이다.

손을 들어 투표를 한다. 7, 8명이 얼른 손을 들자 머뭇거리던 몇 사람
도 슬그머니 손을 든다. 1명을 제외한 11명이 유죄라고 판결을 내린다.
그러자 반대를 한 유일한 배심원(헨리 폰다)을 향해 비난과 질문이 쏟아진
다. 동조를 요구하는 집단의 압력이 시작되는 것이다.

"꼭 누군가 한 명은 반대지."

"정말 무죄라고 생각해요?"

"법정에서 다 봤지 않소?"

"이야기할 것 없어요. 11명이 유죄라는데."

그러나 이 용기 있는 배심원은 동조의 압력을 견뎌 내고 말한다.

"나까지 손을 들면 이 애는 그냥 죽게 될 거 아닙니까?"

14살에 시작하는 처음 심리학

그는 사건을 처음부터 재구성해 나간다. 그러면서 의심스러운 증거를 반박하고, 증인의 잘못을 꼬집는다. 처음에는 유죄라고 생각했던 배심원들도 차례차례 의견을 바꾸어 나간다.

누구나 '맞다'고 말하는데, 자기만 '틀리다'고 말하는 것은 몹시 어려운 일이다. 아무리 자기의 신념이 강하더라도 집단의 압력을 이겨 내는 것은 쉬운 일이 아니다. 그러나 집단의 압력을 이겨 내고 반대하는 용기를 가질 수 있다면 때로는 사람의 목숨을 구할 수도 있다, 이 영화에서처럼.

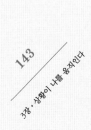

그 친구는
원래 그래?

오늘은 심통 클럽 모임이 있는 날. 신통이 교실에 들어서자 회원들이 한목소리로 인사를 했다.

"어서 오십시오, 소장님!"

"응, 너희들도 안녕?"

둥글게 모여 앉은 아이들을 신통이 둘러보는데, 한 자리가 비었다.

"누구 한 사람 안 왔네? 누구지?"

"누구겠어요, 민서지."

"민서는 맨날 늦어요."

"정말 왕짜증이야. 저만 바쁜가?"

다들 민서에 대해서 한마디씩 한다. 신통이 고개를 끄덕였다.

"민서가 평소에도 약속을 잘 안 지키나 보지?"

"그렇다니까요."

"지각도 도맡아 놓고 해요."

"늑장꾸러기 대마왕!"

훈이가 큰 목소리로 외치자 다들 '와!' 하고 웃었다. 신통이 말했다.

"무슨 일이 있나 보지."

"무슨 일이 있긴요."

"아마 혼자서 매점에 갔을 거예요."

다시 한 번 '와' 하고 웃음이 터졌다. 신통이 재미있다는 듯 빙긋이 웃었다.

"훈이, 너는 어때? 약속 시간 어긴 적 한 번도 없어?"

훈이가 얼굴에서 웃음기를 거두지 않은 채 말했다.

"저요? 음, 있기야 있지만, 저야 약속 시간을 못 지킬 때는 다 이유가 있지요."

"어떤 이유?"

"뭐, 길이 막힌다든가, 갑자기 배가 아프다든가, 히히히."

아이들도 따라 웃었다.

"다른 사람들은 어때? 약속 시간 다들 잘 지키는 편이니?"

"잘 지키는 편이에요."

"별일 없으면 꼭 지키지요."

다들 저마다 한마디씩 했다. 신통이 말했다.

"그럼 너희들은 어쩔 수 없어서 약속 시간을 못 지키는 거고, 민서는 원래 늦장꾸러기라서 약속 시간을 안 지킨다, 이 말이니?"

"네, 맞아요!"

아이들이 한목소리로 대답했다. 민서가 평소에 지각을 잘하는 편인가 보았다. 신통이 고개를 젓더니 말을 이었다.

"이런 경우는 어떨까? 너희 중에 여동생 있는 사람 있니?"

"용이한테 여동생이 있어요."

"예, 선이라고 여동생이 있어요. 지금 초등학교 5학년이에요."

"좋아. 선이가 이웃 중학교 애들한테 괴롭힘을 당하고 있다고 치자. 그럼 너희들은 어떻게 하겠니?"

"그런 나쁜 놈들은 가서 혼내 줘야 하지요."

아이들이 다시 한목소리로 대답했다.

"그러겠지? 그러다 이웃 중학교 학생들과 크게 싸움이 벌어졌다고 치자. 너희들은 원래가 싸움을 좋아해서 이웃 중학교 학생들과 싸운 거니?"

"말도 안 되죠."

"어쩔 수 없잖아요. 여동생이 괴롭힘을 당하는데, 싸우기 싫어도 싸워야죠."

14살에 시작하는 처음 심리학

"그래야 하겠지. 당연하지. 그럼 다른 예를 들어 보자. 어떤 자동차가 시내 한가운데서 조금 빠른 속도로 달리고 있었어. 앞차에 막히면 차선을 요리조리 바꿔 가며 달렸지. 이유가 뭘까?"

"성격이 아주 급한 사람 아닐까요?"

"운전 습관이 아주 나쁜 사람 같아요."

"그럴 수도 있겠지. 그런데 그 운전자가 너희들이라면?"

"바쁜 일이 있겠지요."

"빨리 병원에 가 봐야 한다거나, 중요한 약속에 늦었다거나."

신통이 고개를 끄덕끄덕했다.

"우리는 방금 어떤 사람이 왜 그렇게 행동했는지 원인을 찾아보았어. 이렇게 어떤 행동의 원인을 찾아보는 것을 '귀인'이라고 해. 그런데 우리는 귀인을 할 때, 다른 사람의 행동 원인을 그 사람의 성격에서 찾으려는 경향이 있어. 너희들이 방금 말한 것처럼 누군가 운전을 험하게 하면 그 운전자의 성격이 급하기 때문이라고 생각하는 거지. 그리고 자신의 행동 원인은 자신이 처한 상황에서 찾으려고 한단다. 여동생이 괴롭힘을 당하니까 어쩔 수 없다거나, 급한 일이 있어서 그랬다고 생각하지."

"다른 사람은 성격이 못돼서 그렇게 하는 것이고, 나는 어쩔 수 없어서 그렇게 한다는 건가요?"

"그렇지. 똑같은 행동을 놓고, 다른 사람이 했느냐 아니면 내가 했느나에 따라 행동의 원인을 다른 데서 찾는 거니까 오류라고 할 수 있어. 그런데 사람이라면 누구나 다 이런 오류를 저지르기 때문에 '기본적 귀인 오류'라고 부른단다."

"하지만 못된 사람이 못된 짓을 하는 것은 당연하지 않나요? 사기꾼이 사기를 치고, 도둑놈이 도둑질을 하고."

"음…… 그럴 수도 있겠지. 문제는 아주 평범한 사람이라도 특별한 상황 속에서는 아주 못된 짓을 할 수도 있다는 거야. 1971년, 필립 짐바르도라는 미국의 심리학자가 이런 실험을 했어. 그는 대학에 가짜 교도소를 만들어 놓고 24명의 남학생들에게 동전을 던지게 해서 두 팀으로 나누었어. 한 팀은 간수 역할을 하고 다른 한 팀은 죄수 역할을 하게 했지. 죄수 팀은 죄수복을 입고 발목에 사슬을 찼고, 간수 팀은 선글라스를 끼고 나무 곤봉을 들었어.

첫째 날에는 간수와 죄수 모두 실험을 심각하게 받아들이지 않았어. 빈둥거리면서 각자의 역할을 열심히 하지 않았지. 그래서 짐바르도는 간수에게 호각을 불어 규칙적으로 죄수를 깨우게 하고 죄수의 수를 세게 했어. 죄수들에게는 각자 자기 번호를 복창하게 했지. 그러자 시간이 지나면서 간수들은 더 엄격해지고 난폭해졌어. 규칙을 어기는 죄수에게는 팔굽혀펴기를 시키거나 독방에 가두었지.

둘째 날 아침, 죄수들은 더 이상 못 참겠다는 듯이 매트리스로 감방에 바리케이드를 치고 간수들에게 소리를 질러 댔어. 그러자 간수들도 한 감방 안으로 죄수들을 몰아넣었어. 그러고는 죄수들의 옷을 벗기고 침대를 빼앗고 욕을 해 댔지. 말을 잘 듣는 죄수들에게 는 옷과 침대를 돌려주었어. 또 더 좋은 음식을 주고 칫솔과 치약도 주었지.

날이 갈수록 간수들은 진짜 간수처럼 변해 갔고, 죄수들은 진짜 죄수처럼 변해 갔어. 간수들은 더욱더 폭력적으로 변해 갔고, 죄수들 은 불만을 터트리면서도 간수들이 시키는 온갖 말도 안 되는 지시를 따랐어. 자기가 원하면 실험을 중단할 수 있다는 사실도 잊어버린 것 같았지.

실험을 지켜보던 짐바르도와 학생들은 상황이 얼마나 큰 힘을 발 휘하는지를 보고 깜짝 놀랐어. 그런데 상황이 짐바르도마저 바꿔 놓 았어. 짐바르도는 몇몇 죄수가 탈옥하려 한다는 소리를 듣고 실험 장소를 진짜 교도소로 바꿀 생각도 했다고 해.

며칠 뒤, 짐바르도의 여자 친구가 짐바르도를 찾아왔어. 그리고 이 실험 장소를 직접 보고는 깜짝 놀랐단다. 죄수들의 생활이 진짜 죄수들보다 더 끔찍했기 때문이야. 여자 친구는 짐바르도에게 실험 을 중단해야 한다고 말했고, 그제야 짐바르도는 실험이 너무 멀리까 지 갔다는 것을 깨달아 실험을 중단했어. 실험을 시작한 지 겨우 엿 새째 되는 날이었단다. 죄수들은 기뻐했고, 간수들은 불평을 늘어놓 았지.”

아이들이 멍하니 신통의 이야기를 듣고 있다가 물었다.

"그게 실제로 있었던 일이란 말이지요?"

"응, 실제로 미국 스탠퍼드 대학에서 했던 실험이야. 다른 대학에서도 이와 비슷한 실험을 했는데, 똑같은 결과가 나왔어. 멀쩡한 사람들이 사악하게 변하는 것을 보고 사람은 천성보다 환경이 중요하다는 결론을 얻게 되었지."

아이들은 아무 말 없이 고개를 끄덕였다.

그때, 민서가 헉헉거리면서 교실로 뛰어들어 왔다.

"미, 미안. 늦어서 죄송합니다. 갑자기 담임 선생님이 저를 찾는 바람에……."

모두들 민서 쪽을 돌아보았다. 그때, 용이가 말했다.

"괜찮아. 다 이해해. 어쩔 수 없는 상황이 있었겠지. 우리는 기본적귀인 오류를 범하지 않을 거야."

민서는 무슨 소리인지 모르겠다는 표정을 지은 채 한동안 제자리에 서 있었다.

기본적 귀인 오류

친구가 약속 시간이 한참 지나도록 나타나지 않는다. 그럼 우리는 친구가 왜 늦는지 궁금해하면서 그 원인을 찾으려 한다. 이렇게 **누군가의 행동 원인을 찾는 것을 '귀인'**이라고 한다. 하지만 우리는 종종 귀인 오류를 범한다. 친구가 시간 약속을 안 지키면 '저 녀석은 맨날 늦는 놈, 시간관념이 없는 친구'라면서 그 친구의 성향이나 성격을 원인으로 판단한다. 반대로 내가 약속 시간에 늦었을 때는 차가 밀려서, 또는 다른 바쁜 일이 중간에 생겨서 등으로 나 자신의 성격이나 평소 버릇이 아닌 상황 탓으로 돌린다.

이처럼 **다른 사람의 행동에 대해서는 그 사람의 성향이나 성격에서 원인을 찾고, 나의 행동에 대해서는 어쩔 수 없는 상황을 원인으로 돌리는 것을 '기본적 귀인 오류'**라고 한다. 여기에 '기본적'이라는 말이 붙는 것은 누구나 이런 오류를 쉽게 범하며 살기 때문이다.

상황이 사람을 얼마나 이상하게 만드는지 알 수 있는 실례가 있다. 2003년 4월 미군은 이라크의 바그다드를 함락하고, 이듬해 3월 말까지 총 8,000명이 넘는 이라크인들을 아부그라이브 포로수용소에 가두었다. 이 가운데 95퍼센트 이상이 연합군에 대한 공격에 가담했거나 공격 가능성이 있다는 이유였다. 미군들은 정보를 빼내기 위해 잔혹한 방식으로 수감자들을 고문했다. 게다가 그 끔찍하고 수치스러운 고문 장면들을 촬영

해 자신들의 가족과 친구들에게 이메일로 전송하는 등 사람으로서는 차마 하지 못할 일들까지 서슴지 않았다.

이 사진들이 인터넷을 통해 널리 퍼지자 온 세계 사람들이 이라크인들을 고문한 미군 병사들에게 비난을 퍼붓기 시작했다. 결국 교도소 관리 책임자였던 프레더릭 하사가 재판정에 섰다.

그러나 전문가들은 이 사태의 책임이 다른 데 있다고 보았다. 미 병사들은 교도관으로서 임무를 수행하는 데 필요한 훈련을 제대로 받은 적도 없고, 정보와 지원을 받지도 못했다. 병사들을 지휘해야 할 고위 군인들은 술을 마시고 놀면서 자신의 임무를 다하지 않았다. 다시 말해, 고문을 직접 자행한 병사들을 그렇게 만든 것은 그들이 처한 상황 때문이었다는 것이다.

우리는 다른 사람을 너무나 쉽게 판단한다. 그들의 행동에 대해서 너무나 빨리 단정을 내린다. 그런 행동을 하는 것은 원래 그런 사람이기 때문이라고. 그러나 우리는 이미 알고 있다. 그들이 그렇게 행동하는 것은 대개 그들이 처한 상황 때문이라는 것을. 그러므로 누군가가 비난받을 짓을 했다면, 먼저 그의 주변 환경이나 주위 사람들이 그에게 어떤 영향을 미쳤는지를 따져 보라. 잘못을 용서하라는 뜻이 아니다. 그들이 잘못을 하기 전에 막을 수 있을지도 모른다는 뜻이다.

사람은 어떻게 악해지는가,
『루시퍼 이펙트』

1971년에 있었던 짐바르도 교수의 스탠퍼드 교도소 실험은 사람들에게 큰 충격을 주었다. 평범한 사람들이 악마처럼 변하는 모습을 보고, 이런 실험을 해도 되느냐는 비난도 일었다. 심리학을 연구하는 학자들은 너도나도 이 실험에 대해 이야기하고 자신의 생각을 한마디씩 덧붙였다.

이 실험은 영화감독들에게도 큰 충격을 주었던 듯싶다. 이 실험을 소재로, 2001년에는 독일에서, 2010년에는 미국에서 〈엑스페리먼트〉라는 제목의 영화를 제작했다.

필립 짐바르도, 임지원 옮김, 『루시퍼 이펙트』, 웅진지식하우스, 2007.

이렇듯 스탠퍼드 교도소 실험은 말도 많고 탈도 많았지만, 정작 실험 자체에 대한 세부 사항은 알려지지 않았다. 실험을 진행했던 짐바르도 교수가 그동안 실험의 내용과 결과에 대해서 자세히 밝힌 적이 없었기 때문이다.

짐바르도 교수는 실험이 끝나고 35년이나 지나서야 『루시퍼 이펙트』라는 책을 펴내, 스탠퍼드 교도소 실험을 전면 공개하고 세밀하게 분석하

여, 선량한 사람이 악해지는 과정과 원인을 파헤쳤다. 그리고 이를 바탕

으로 2004년 이라크 아부그라이브 포로수용소에서 발생한 포로 학대 사

건의 원인도 밝혔다. '썩은 상자가 썩은 사과를 만든다', 즉 잘못된 상황과

제도가 사람을 악하게 만드는 현상을 짐바르도는 '루시퍼 이펙트'라고 불

렀다. 루시퍼는 사탄의 우두머리다.

제 4 장

잘못된 습관,
잘못된 사고

살아가는 것은 끊임없이 선택을 하는 과정이기도 하다. 작게는 시험 끝
나는 날 친구들과 뭘 하고 놀지 선택해야 하고, 크게는 앞으로 어느 대
학에 갈 것인지, 어떤 직업을 가질지 선택해야 한다. 올바른 선택을 하려
면 되도록 많은 정보를 수집하고, 그것들을 논리적으로 분석하여 합리
적인 판단을 내려야 한다. 그러나 정보는 부족하거나 왜곡되어 있으며,
우리의 머릿속은 너무나 복잡하고 피곤하다. 후회 없는 선택을 하려면
어떻게 해야 할까?

4 - ①

거봐,
내 말이 맞잖아

"여기가 신통방통 심리 상담소 맞습니까?"

신통과 방통이 막 상담소 입구에 당도했을 때, 문 앞에 서 있던 신사 한 분이 말을 걸었다.

"예, 맞습니다. 저희 상담소를 찾아오셨군요. 들어오세요."

언제나 유쾌하고 씩씩한 방통이 상담소 안으로 신사를 안내했다. 신사는 가지고 있던 서류 가방을 조심스레 소파 위에 내려놓고 그 옆에 얌전히 자리를 잡았다.

방통이 고개를 갸우뚱하며 에스프레소 더블샷을 신사 앞에 놓았다.

"날씨가 아주 좋지요? 그래, 무엇을 도와 드릴까요?"

신통과 방통은 거의 동시에 신사 앞에 앉았다. 신사는 에스프레소를 잠깐 음미하고는 신통과 방통에게 명함을 건넸다.

― 이티전자 마케팅본부장 김도진

"아, 마케팅 일을 하시는군요."

"이티전자라면……."

방통이 아는 체를 좀 하고 싶었는데, 속도 모르고 김 본부장이 말을 잘랐다.

"예, 헤드폰과 이어폰 생산업체로 국내 1위를 달리는 회사입니다. 뭐, 대기업 브랜드로 판매가 되기 때문에 모르는 사람도 많지만."

"그렇군요. 그런데 여기는 무슨 일로……?"

"다름이 아니라, 이번에 저희가 클립형 이어폰을 개발했어요."

김 본부장은 옆에 있던 서류 가방 안에서 〈클립형 이어폰 이티클 판매 계획안〉을 꺼내 내밀었다.

"이번 신제품은 처음으로 이티의 이름을 걸고 출시되는 것이기 때문에 시장에 제대로 안착시키는 것이 매우 중요합니다."

김 본부장의 말이 끝나지도 않았는데 어느 틈에 방통이 판매 계획안을 휘휘 넘겨 가며 읽기 시작했다. 김 본부장은 방통 쪽을 힐끔거리며 이야기를 계속했다.

"제가 보기에 이 제품은 획기적인 제품입니다. 그래서 텔레비전 광고를 비롯해서 신문과 잡지 광고, 온라인 광고 등도 대대적으로 실시하려고 계획하고 있습니다."

"그렇게 하려면 홍보비가 적지 않게 들어가겠군요. 그만큼 제품에 자신이 있으시다는 뜻이겠지요? 어떤 점이 이 제품의 장점입니까?"

신통이 조심스럽게 물었다.

"예, 맞습니다. 저는 자신 있습니다. 기존의 헤드폰이 음질은 좋을 지 모르지만, 아시다시피 실외에서 사용하기에는 무리가 있습니다. 너무 크기도 하고, 애써 꾸민 머리 모양을 해치기도 하지 않습니까? 그런 점에서 커널형 이어폰을 사용하시는 고객도 많긴 하지만, 커널형 이어폰은 오래 착용할 경우 귀가 아프다는 단점이 있지요. 게다가 음질도 그리 좋지는 않고요. 저는 이런 모든 문제점을 단번에 해결할 수 있는 것이 클립형 이어폰이라고 생각하고 있습니다. 물론 외국 브랜드의 클립형 이어폰이 이미 판매되고 있기는 합니다만, 저희가 개발한 제품은 가격이 훨씬 저렴할 겁니다."

"그런데 무슨 문제라도……?"

"저희 사장님께서 2주일 전 회의 시간에 갑자기 클립형 이어폰 생산을 잠시 보류하라고 하셨습니다. 말이 보류이지 그건 생산을 하지 말라는 이야기입니다. 그동안의 전례를 미루어 보건대 말이지요."

"이유가 뭐라고 하십니까?"

"사장님께는 중학교 2학년인 딸이 하나 있는데, 따님이 클립형 이어폰은 좋지 않다고 말했답니다. 친구들 가운데 클립형 이어폰을 사용하는 친구는 아무도 없답니다, 어쨌든."

"고작 딸의 말 한마디로 생산을 하지 말라고 지시했단 말인가요?"

방통이 성급하게 나섰다. 신통이 방통의 말을 무시하고 김 본부장을 향해 물었다.

"그래서 어떻게 하셨습니까?"

"그래서 이 판매 계획안에 설문 자료를 추가했습니다. 자, 이걸 좀 보세요."

김 본부장은 서류 가방에서 서류를 하나 더 꺼냈다.

"소장님이 들고 계신 계획안 23쪽 이하를 보아 주십시오."

갑자기 상담소가 회사 회의실이 된 듯한 분위기였다.

"고객들 대상으로 기존의 커널형 이어폰과 새로 개발한 클립형 이어폰에 대한 소비자 만족도 조사 자료를 첨부했습니다."

신통은 계획안 23쪽을 폈다. 5~6페이지에 걸쳐서 커널형 이어폰에 대한 소비자 만족도 조사가 나와 있었다. 만족도 조사라기보다는 커널형 이어폰에 대한 불만 사항이 쭉 나열되어 있었다.

"저희 마케팅 본부 전 직원이 10대와 20대를 대상으로 설문을 실시한 것입니다. 2주일 동안 학교 앞과 편의점, 카페 등등 젊은이들이 모인 곳이라면 어디든 찾아다니며 발품을 팔았죠."

김 본부장은 목이 마른 듯 에스프레소 더블샷을 원샷한 다음, 말을 이어 나갔다.

"보시면 아시겠지만 커널형 이어폰과 비교했을 때 클립형은 귀에 걸치는 것이기 때문에 귀가 아플 이유가 없습니다. 스피커 부분도 커서 음질이 더 좋습니다. 게다가 머리 모양을 망가뜨리지 않고도 착용 가능하며 모자도 쓸 수 있습니다. 모자와 색깔을 맞추어 클립형 이어폰을 착용하고 있는 이 모델을 보십시오. 정말 귀엽지 않습니까?"

김 본부장이 최종 결재 사인이라도 하듯 마지막 페이지에 있는 모델 사진을 손바닥으로 탕 내리쳤다. 신통은 깜짝 놀라서 몸을 움찔했다.

"사장님도 이 설문 결과를 보고받으셨나요? 그런데도 여전히 반대를 하십니까? 이유가 뭐지요?"

김 본부장이 입맛을 쩝 다셨다.

"설문 결과를 보고 사장님이 딱 한마디 하시더군요. '그래도 우리 딸은 아니라던데.' 그래서 하도 답답해서 제가 이곳에 온 거 아닙니까?"

"사장님 따님이 클립형에 반대하는 이유는 뭡니까?"

"모르지요. 설령 그럴듯한 이유가 있다고 해도, 따님과 그 친구들까지 합해 봐야 클립형이 싫다는 젊은이가 몇이나 되겠습니까? 제가 조사한 바에 따르면 10대, 20대 젊은이들은 거의 전부가 클립형을 좋아하더라고요. 거기 설문 결과에 다 나와 있잖습니까? 외제가 비싸서 망설이고 있을 뿐이지 가격이 저렴한 저희 제품이 나오면 다 클립형으로 바꿀 겁니다."

"저, 설문 결과에는 잘 나와 있지 않은데, 클립형에 반대하는 젊은이들은 또 없었나요?"

김 본부장이 눈을 위로 치켜뜨고 잠시 생각하다가 손사래를 쳤다.

"아, 몇 명 있긴 있었는데, 별거 아니에요. 무시해도 돼요."

"그 몇 명은 무슨 이유로 클립형에 반대하던가요?"

"뭐, 소리가 잘 안 들린다, 소리가 새어 나가기 때문에 주위에서 항의를 한다, 그런 이유를 댔는데, 제가 보기에 그건 별거 아니에요."

신통은 김 본부장을 빤히 바라보았다. 김 본부장도 자기 혼자 너무 흥분해서 떠들었다고 생각했는지 에스프레소 잔에 손을 뻗었다. 그러나 잔은 비어 있었다. 이미 원샷을 했기 때문에. 신통이 이야기를 시작했다.

"제가 얼마 전에 겪은 일이에요. 약속이 있어서 이 앞 카페에 앉아 있었어요. 약속 시간이 조금 남아서 게임이나 하려고 막 휴대폰을 꺼냈을 때였어요. 누군가 제 뒤통수를 딱 하고 치는 거예요. '야, 경수, 너 오랜만이다!' 제가 깜짝 놀라서 돌아보았더니, 덩치가 산만 한 남자였어요. 그런데 저는 생판 모르는 사람이었어요. 제가 어리둥절

해 있으니까 그 사람이 그러는 거예요. '너, 많이 변했다. 살이 좀 찐 것 같은데?' 제가 그랬지요. '저…… 사람을 잘못 보신 것 같은데요.', '그리고 보니 얼굴도 좀 변한 거 같네. 너, 성형수술이라도 한 거야?', '아니라니까요.', '응? 너, 경수 아니야?', '예, 저는 신통이라고 하는데요.', '그래? 너, 그새 이름도 바꿨어?'"

김 본부장이 '크하하하!' 하고 박장대소를 했다.

"하하하, 뭐 그런 바보 같은 사람이 있나요?"

"바보 같지요? 그런데 이 사람은 왜 이런 바보 같은 짓을 했을 까요?"

김 본부장이 자세를 고쳐 앉았다.

"허허, 처음부터 소장님을 '경수'라는 친구라고 단정을 하고 들어 가니까 그런 거 아니겠습니까?"

"예, 맞습니다. 제 생각에도 그렇습니다. 그런데 대부분의 사람들이 바로 이런 경우처럼, 자기가 한번 옳다고 믿는 생각은 잘 바꾸려 하지 않는 경향이 있습니다. 이것을 '확증 편향'이라고 합니다. 확증 편향에 빠지면 자신의 믿음에 반대되는 증거나 새로운 정보들이 나오더라도 그것들을 무시해 버립니다. 자신의 믿음을 지키기 위해서지요. 그 사람은 제 얼굴이 다르고 심지어 이름이 다른데도 제가 자기 친구 경수라는 믿음을 버리지 않았잖아요?"

신통은 김 본부장을 계속해서 빤히 쳐다보았다.

"그런데요? 그 말씀은…… 저도……."

"예, 무슨 말씀인지 아실 겁니다. 본부장님 또한 제가 보기에는 확증 편향에 빠져 있는 거 같습니다. 계획안을 보면 거의 모든 정보가 클립형의 이로운 정보들로만 채워져 있고, 클립형에 반대하는 정보들은 무시되어 있습니다. 설령 있더라도 별거 아니라고 무시하고 있습니다. 정말 무시해도 될 만큼 중요하지 않은지 저는 모르겠습니다. 아마 사장님도 저와 마찬가지 생각을 하셨을 것입니다. 그래서 일단 생산 보류를 지시하셨을 것이고요. 사장님이 확신을 가지시려면 클립형에 반대하는 의견도 충실히 계획안에 반영되어 있어야 하지 않을까요?"

김 본부장의 얼굴이 새빨개졌다가 다시 제 색깔을 찾았다. 김 본부장은 계획안을 한 장 한 장 넘기며 한참을 다시 들여다보았다. 그러다가 '후유' 하고 깊은 한숨을 쉬었다.

"그 말을 듣고 보니, 제가 신제품 판매에 너무 들떠서 한쪽 정보만 들었군요. 사장님께서 무얼 더 원하시는지 알겠습니다."

김 본부장은 서류를 다시 가방 안에 챙겨 넣었다. 그러고는 에스프레소 잔에 손을 뻗었지만 당연히 비어 있었다. 김 본부장은 또 한번 입맛을 쩝 다셨다.

"정말 감사합니다. 많이 배우고 갑니다."

김 본부장이 손을 내밀었다. 신통이 손을 마주 잡자 신통의 어깨를 와락 껴안았다.

"앗!"

신통이 놀라든 말든, 김 본부장은 씩 웃고 나서 휘적휘적 상담소 밖으로 걸어 나갔다.

확증 편향

1941년 12월 7일, 일본은 선전포고 없이 미국 영토인 하와이의 진주만을 공격했다. 별다른 대비가 없었던 미국은 7척의 전함 가운데 5척을 잃었고, 미국 항공기 200여 대가 지상에서 파괴되었다.

사실 이미 2주일 전, 미 태평양 함대 총사령관 키멀 제독은 수도 워싱턴으로부터 '일본의 급습 가능성이 있다'는 경고를 받았다. 하지만 키멀은 특별히 진주만이 언급되지 않았기 때문에 진주만은 안전할 것이라고 믿었다.

11월 27일과 12월 3일에도 추가로 경고를 받았다. 일본이 자기들끼리 주고받은 암호들을 대부분 없애라고 명령했다는 것이다. 워싱턴의 지휘관은 이것은 일본이 전쟁을 곧 일으킬 징조라고 보았다. 그러나 키멀은 일본이 미국과 전쟁을 할 생각이라면 '대부분 없애라'고 하지 않고 '모두 없애라'고 했을 것이라며 자기 편리한 대로 해석하고 무시해 버렸다.

12월 6일, 진주만 공격 하루 전날에는 '일본 항공모함의 위치가 파악되지 않는다'는 보고도 받았지만, 그 또한 무시해 버렸다. 일본은 아시아에서 싸우느라 바쁘기 때문에 진주만을 공격할 수 없을 거라고 확신했기 때문이다. 하지만 키멀의 확신과 상관없이 일본은 진주만을 공격했고, 미국은 큰 피해를 입었다.

키멀은 '진주만은 안전할 것이다'라는 자기 신념에 빠져 그와 반대되는

14살에 시작하는 처음 심리학

증거들은 모조리 무시해 버렸다. 이처럼 **자기 생각과 일치하는 정보만 받아들이는 심리를 '확증 편향'**이라고 한다. 쉽게 말해, **보고 싶은 것만 보고, 듣고 싶은 것만 듣는 심리**이다.

만화가 독서 능력을 기르는 데에 방해가 된다고 믿는 교사나 학부모 들은 그에 부합하는 증거는 쉽게 찾는다. 그러나 만화가 독서 능력을 기르는 데에 이로운 증거는 찾으려고 하지 않는다. 자기 회사 제품은 품질 때문에 인기가 있다고 믿는 회사 사장은 디자인 측면에 대해서는 무시해 버리기 쉽다. 이것도 확증 편향이다.

이러한 확증 편향이 나타나는 이유가 뭘까? 무엇보다도 자신의 생각이 틀렸다는 것을 스스로 인정하기가 싫기 때문이다. 그래서 우리는 우리와 생각이 같은 사람들끼리 어울리는 것을 좋아하고, 우리 생각과 다른 생각은 듣고 싶어 하지 않는다. 한마디로 사람들은 새로운 이야기를 듣기보다는 자신의 믿음을 확인받고 싶어 한다.

그러나 우리가 무시한다고 해서 새로운 정보들이 사라지는 것은 결코 아니다. 확증 편향에 빠지지 않으려면, 자신의 생각과는 다른 일이 일어났을 때, 그 일이 아무리 사소한 것이라 할지라도 결코 무시하지 말아야 한다. '우리는 언제든 틀릴 수 있다.'는 생각을 지닌 열린 사람이 되자. 그래야 상황을 정확히 파악하고 올바른 판단을 내릴 수 있다.

타블로의 학력 위조 의혹 ····················

　2003년에 데뷔한 그룹 에픽하이의 리더 타블로는 자신이 스탠퍼드 대학교의 학사와 석사 통합 과정을 조기 졸업했다고 밝혔다. 미국의 명문 대학 출신이 가수를 한다고 하자, 사람들 사이에 많은 화제가 됐다.

　그런데 2009년 11월 한 누리꾼이 '스탠퍼드 대학교 졸업자 명단을 확인해 보니 타블로가 없었다.'고 인터넷에 글을 올렸다. 그러자 팬들 사이에서 타블로의 학력이 맞다, 가짜다 다툼이 시작됐다. 타블로의 학력에 의심을 품은 사람들의 모임 카페가 생기고, 회원이 쑥쑥 불어났다. 다는 아니지만 상당수 회원들이 타블로의 말을 믿지 않는 듯했다.

　일이 이렇게 되자 타블로는 스탠퍼드 대학교 재학 시절의 성적표와 학교의 공식 확인서 등을 공개했다. 하지만 일부 누리꾼들은 '조작됐거나 동명이인의 것'이라고 타블로의 주장을 묵살했다. 타블로는 캐나다 시민증을 보여 주었고, 스탠퍼드 대학교 측은 다시 한 번 타블로의 졸업 사실을 확인해 주었다. 그래도 누리꾼들은 '시민증이 위조됐다', '스탠퍼드 대학교 입학 허가서를 공개하라'고 요구했다.

　타블로가 학력 인증서, 성적 증명서, 교수의 확인서, 기숙사 동영상, 졸업장 등 아무리 많은 증거 자료를 제시해도 눈과 귀를 막은 누리꾼들에게는 보이지도 들리지도 않았다. 타블로는 2010년 4월 28일 '내 학력이 거짓인 것처럼 소문을 내고 가족까지 모욕했다'며 카페 운영자를 경찰에 고소

했다. 하지만 그래도 10만 명에 가까운 카페 회원들은 타블로의 편을 들어주지 않았다.

10만 명의 누리꾼들이 타블로의 주장을 믿지 않은 까닭은 무엇일까. 학벌과 병역, 이중국적 등 우리 사회의 민감한 문제들이 '타블로 공방'에 녹아 있기 때문일까? 아니면 한 심리학 교수의 말대로 부와 사회적 성공을 모두 거둔 타블로를 질투했기 때문일까? 이유야 어쨌든 **자기가 옳다고 믿기 시작한 누리꾼들은 반대 증거가 그렇게 많이 드러났음에도 자기 믿음을 버리지 않았다. 확증 편향에 사로잡히면 이렇게 된다.**

④ - ②

나는 그럴 줄 알았어

"나는 그럴 줄 알았다니까!"

"네가 그걸 어떻게 알아?"

상담소 문이 벌컥 열리고, 똘이와 슬기가 모습을 드러냈다. 방통이 둘을 맞았다.

"너희는 또 싸우니?"

방통이 두 사람 앞에 셜리 템플을 한 잔씩 가져다주었다. 똘이와 슬기는 잠시 말을 멈추고 앞에 놓인 무알코올 칵테일 한 모금을 들이켰다. 방통이 물었다.

"이번에는 또 뭐야?"

슬기가 대답했다.

"이번에 양윤민이 에스케이프를 탈퇴했잖아."

똘이가 슬기의 말을 가로막았다.

"나는 양윤민이 탈퇴할 것을 알고 있었다니까."

"네가 그걸 어떻게 알아? 네가 뭐 점쟁이라도 돼?"

"점쟁이가 아니라도 그쯤은 알 수 있지. 사실 양윤민이 춤도 노래
도 다 별로였잖아."

"네가 언제부터 양윤민에 대해 잘 알았다고 그런 말을 해? 지금껏
별 관심도 없었으면서."

"별로니까 관심이 없었지. 그리고 여자 친구 생기고 나서는 그룹
활동도 열심히 안 했다고 하더라고."

"너는 잘 알지도 못하면서 악플들만 읽어 보고 그러는 거잖아! 그
리고 여자 친구 생기면 다 그룹을 그만둬야 하니?"

슬기가 악을 썼다. 방통이 두 손을 마구 저어 댔다.

"야, 야, 그러다 진짜로 싸울라. 아이돌 그룹에서 누가 탈퇴했다더
니만 그거 때문에 이 난린 거야? 그럴 수도 있지 뭘 그러냐?"

방통의 말에 똘이마저 열을 냈다.

"삼촌은…… 그럴 수 있기는 뭐가 그럴 수 있어? 자기 혼자 잘나
가겠다고 그동안 같이 고생했던 그룹을 떠나도 되는 거야?"

옆에서 듣고만 있던 신통이 나섰다.

4장 · 잘못된 습관, 잘못된 사고

"그러니까 뭐야? 똘이는 양윤민이 그룹을 탈퇴할 거를 이미 알고 있었다는 거고, 슬기는 몰랐다는 거니? 그래서 화가 난 거야?"

슬기가 발끈했다.

"아니, 나도 알았지. 하지만 그룹을 탈퇴한 이유가 똘이가 말하는 말도 안 되는 이유는 아니라는 거지."

"뭐가 말이 안 돼? 다들 그렇게 말하던데."

"그것 봐. 너는 잘 알지도 못하면서 남들 말만 듣고 그러는 거잖아. 양윤민은 연기 활동을 하고 싶어서 그룹을 탈퇴한 거라고. 모르면 가만있어."

다시 신통이 나섰다.

"자, 자, 어쨌든 둘 다 양윤민이 그룹을 탈퇴할 거를 미리 알고 있었다는 거네. 흠……."

똘이와 슬기가 다시 셜리 템플을 마시는 틈을 타 신통이 이야기를 계속했다.

"양윤민이 그룹을 탈퇴한 이유보다도 너희 둘이 그 사실을 미리 알고 있었다는 것이 더 재미있는데."

똘이와 슬기가 빨대를 입에 문 채로 신통을 빤히 쳐다보았다.

"너희들, 제1차 세계대전이 어떻게 해서 일어났는지 알지?"

역사를 좋아하는 똘이가 얼른 대답했다.

"1914년에 사라예보에서 한 세르비아 청년이 오스트리아 황태자

부부를 총으로 쏘았잖아. 그래서 오스트리아가 세르비아에 선전 포고를 했지. 이때, 유럽의 여러 나라는 서로 더 많은 식민지를 차지하려고 치열하게 경쟁을 벌였는데, 이 때문에 유럽 전체가 전쟁터가 되고 말았지. 그게 제1차 세계대전이지."

"응, 똘이가 아주 잘 알고 있구나. 그런데 그 청년이 오스트리아 황태자 부부를 총으로 쏘았을 때, 이 사건 때문에 전쟁이 전 세계로 확대될 것이라고 미리 알 수 있었을까?"

슬기가 고개를 갸우뚱했다.

"확실하게는 아무도 알지 못했을 거 같아. 세계대전이라면 엄청난 사건이잖아."

"그렇겠지. 그런데 지금은 이 사건이 제1차 세계대전의 도화선이 되었다고 누구나 알고 있고, 또 역사책에서는 그렇게 될 수밖에 없었다고 설명하잖아. 이런 일이 많지. 우리나라에서 6·25 전쟁이 일어났을 때도 전쟁이 그렇게 오래 계속될 거라고는 아무도 예상 못 했을 거야. 그리고 그렇게 많은 인명 피해와 재산 손실을 가져올 거라고도 짐작하지 못했겠지. 그런데 지금에 와서는 모두 그럴 수밖에 없었다고 설명하잖아. 마치 다들 미리 알고 있었다는 듯이."

"역사책이 원래 그런 거 아니야?"

방통도 한마디 했다.

"우리 일상에서도 마찬가지야. 막상 어떤 일이 일어날 때에는 사

건이 어떻게 전개될지 우리는 잘 알지 못해. 그러다가 결과가 드러나면 이렇다 저렇다 해석을 하지. 예를 들어 어떤 무명 가수가 10년 동안 노래를 불렀어. 그런데 성공하지 못하다가 갑자기 스타가 되는 경우가 있잖아. 그러면 '나는 언젠가 그 가수가 크게 성공할 줄 알았어.'라고 말하는 사람이 많아. 만약 스타가 되지 못하고 그냥 무명으로 끝나면 '그 가수는 그래서 안 돼.', '내가 그럴 줄 알았어.' 이렇게들 말하지.

미래를 예언하는 점쟁이들도 마찬가지야. 여러 가지 가능성 있는 이야기를 던지고 나서 틀리면 '아님 말고'라고 넘어가 버리지. 그리고 하나라도 맞으면 그것으로 금세 유명해지잖아. 설령 이들 말이 틀렸다고 해도 그런 사실에 대해서는 사람들이 모두 잊고 넘어가 버리니까 큰 문제도 안 되고 말이야.

이렇게 우리는 흔히 어떤 사건의 결과가 알려진 다음에야 큰 목소리로 '내가 그럴 줄 알았어.', '내가 생각한 그대로야.', '거봐, 내가 뭐라고 했어?' 이런 말들을 하곤 하지. 자랑스럽게, 뿌듯해하면서."

"그래도 그런 사람들 보면 너무 얄미워. 평소에는 관심도 없다가 신문이나 방송에 나오고 나서야 알았으면서 '양윤민이 춤도 못 추고, 노래도 못해서 탈퇴했다.', '여자 친구랑 루머가 많더니 내 이럴 줄 알았다.', 나중에야 이런 식으로 인터넷에 악플을 다는 사람들은 정말 꼴도 보기 싫다고."

슬기가 눈을 흘기자 똘이가 입을 비죽거렸다.

"똘이나 슬기만 그런 게 아니야. 우리는 모두 예측하지 못했던 어떤 일이 일어나면 '나는 원래 알고 있었다.'라고 자신의 기억을 살짝 바꾸는 경향이 있단다. 나는 좀 더 잘 예측할 수 있었다고 생각하는 거지. 이것을 '사후 확신 편향'이라고 해. 사람이라면 누구나 그러니까 누구를 탓할 필요도 없어."

신통이 잠시 뭔가를 생각하는 듯하더니 말을 이었다.

"나는 신문 기사를 쓰는 기자들이 이 사후 확신 편향에 가장 많이 빠져 있는 사람들이 아닐까 하고 생각할 때가 있단다."

"응? 왜? 기자들은 사실만을 기사로 쓰는 사람들 아닌가? 편향된 기사를 쓰면 안 될 텐데……."

똘이가 고개를 갸우뚱했다.

"너희들 세월호 침몰 사고 기억하지?"

"응. 인천에서 제주로 가던 여객선 세월호가 진도 앞바다에서 침몰한 사고잖아. 학생들을 비롯해 300명 넘게 희생된 참사."

슬기의 표정이 갑자기 우울해졌다.

"세월호 사고뿐만 아니라 어떤 사건 사고 등이 발생할 때마다 기자들이 쓰는 말이 있어. 바로 '예고된 인재'라는 말이지. 다시 말해 사람의 실수로 인해서 생긴 사고이기 때문에 미리 막을 수도 있었다는 뜻이야."

"응, 맞아. 나도 그럴 때마다 속이 많이 상했어. 사고가 일어날 수밖에 없었던 여러 가지 원인을 기자들이 설명하고 분석해 주잖아. 진작 그렇게 문제에 대한 대책을 세웠더라면 사고를 미리 막을 수 있었을 텐데."

"내 말이 그 말이야. 마치 기자들은 '내가 그럴 줄 알았어.' 하는 식으로 기사를 쓰는 것 같지 않니? 기자들이 사후 확신 편향에 빠져 있다면 큰일이겠지. 그렇게 되면 언론인들은 자신이 훌륭한 예언가로서의 역할을 한다고 믿게 될 거야. 그러면 점점 더 오만해지고 그릇된 판단을 내리게 되겠지. 우리 독자들도 이런 사후 확신 편향에 빠지지 않아야 올바른 보도를 가려낼 수 있겠지."

"그럼 어떻게 해야 돼, 삼촌?"

똘이가 진지하게 물었다.

"예언 일기를 한번 써 보는 게 어떨까? 똘이가 관심이 있는 것에 대해. 학교생활이나 스포츠 등에 대해서 앞으로 어떻게 될지 일기를 써 보는 거야. 그리고 자기가 예언한 시점이 되면 일기와 실제를 비교해 보는 거지. 아마 예언이 대부분 맞지 않겠지만, 적어도 나만 옳다고 믿는 그런 편협한 사람은 되지 않을 거야. '내가 그럴 줄 알았어.' 하고 자주 말하는 사람은 늘 자기 의견을 바꾸는 사람이고, 그래서 늘 자기만 옳다고 믿는 사람이기 쉽거든."

똘이와 슬기는 동시에 고개를 끄덕였다.

14살에 시작하는 처음 심리학

사후 확신 편향

　과학의 날 행사 가운데 하나로 달걀 떨어뜨리기 조별 대항을 하기로 했다. 빨대나 골판지, 마분지 등 재활용품을 이용하여 달걀 보호 장치를 만든 다음, 달걀을 그 속에 넣고 4층에서 떨어뜨리는 실험이다. 그런데 내가 속해 있는 조에서는 그리 좋은 아이디어가 나오지 않았다. 하는 수 없이 내가 나서서 달걀을 빨대로 감싼 다음 테이프로 감고, 다시 그 위를 빨대로 씌우자는 아이디어를 냈다. 다른 아이들도 좋다면서 별말 없이 따라 주었다.

　그리고 4층에서 투하! 아뿔싸! 달걀이 박살 나고 말았다. 그러자 한 아이가 기다렸다는 듯이 소리친다. "내가 그럴 줄 알았어!" 다른 아이도 거든다. "그렇게 하면 깨질 것 같더라니까!" 아까까지는 아무 말도 없더니만, 깨지고 나니까 자기들은 처음부터 이렇게 될 줄 다 알고 있었단다. **일이 일어난 다음에야 더 분석을 잘할 수 있을 것 같고, 더 예측을 잘할 수 있을 것 같은 생각이 드는 것**, 이것이 '**사후 확신 편향**'이다.

　세계의 유명한 경제학자들은 2008년의 세계경제 동향을 매우 긍정적으로 전망했다. 그러나 예측과는 달리 2008년에 미국에서 커다란 금융 위기가 일어났고, 그 여파로 세계경제 또한 큰 어려움을 겪어야 했다. 그러자 전문가들은 또다시 미국의 금융 위기 원인에 대해서 논리 정연한 설명을 내놓았다. 한마디로 돈을 너무 많이 찍고, 은행에서 돈을 너무 많이 빌려 주어서 생긴 위기라고 했다. 전문가들의 말을 듣다 보면 금융 위기가 일어 난 것은 너무나 당연한 일이었다. 그 과정을 보자면 피할 수 없는 일인 것 처럼 보인다. 그렇다면 이렇게 잘 아는 사람들이 왜 미리 금융 위기를 경 고해 주지 않았을까? 이유는 그들도 잘 몰랐기 때문이다. 경제 전문가들 또한 일이 터지고 난 다음에야 설명할 수 있는 사후 확신 편향에 잘 빠지 는 사람들이기 때문이다.

사후 확신 편향은 위험하다. 사후 확신 편향에 빠지면 사람들은 자신이 훌륭한 분석가이자 예언가라고 믿게 된다. 그래서 결과만 보고 과정까지 평가하는 오류를 범하기 쉽다. 예를 들어, 한 의사가 매우 어려운 수술을 했는데, 그만 환자가 목숨을 잃고 말았다고 가정해 보자. 이런 의료 사고 가 일어나면, 그 원인을 밝히기 위해 수술 결정 단계에서부터 과정, 결과 까지 면밀하게 검토를 해 봐야 한다. 그러나 사후 확신 편향에 빠진 사람 들은 처음부터 수술을 하지 않았더라면 환자의 죽음은 충분히 피할 수 있 었다고 결론을 내린다. 이렇게 결과만을 놓고 말하면 아무리 훌륭한 의사 라도 책임을 면키 어렵다.

사후 확신 편향은 의사뿐만 아니라 최고경영자나 금융가, 정치인처럼 다른 사람을 대신해서 의사 결정을 해야 하는 사람들에게 불리한 결과를 낳게 할 수 있다. 있는 힘껏 노력해서 최선의 결정을 내렸다 하더라도, 결 과가 나쁘게 나오면 그런 결과는 미리 피할 수 있었을 거라며 비난받기 때

문이다. 그런 일이 반복되면 이후에는 분명히 성공할 수 있는 훌륭한 결정
들마저 자신 있게 내리지 못하는 사태가 벌어질 수 있다.

잘못될 일은 반드시 잘못된다,
'머피의 법칙' ----------------------------------

'토스트는 꼭 잼을 바른 쪽이 바닥으로 떨어진다.'

'내가 기다리는 버스는 늘 맨 나중에 온다.'

'내가 서서 기다리는 줄은 늘 가장 늦게 줄어든다.'

머피의 법칙들이다. 일이 안 좋은 방향으로만 흘러갈 때에 쓰는 말이다.
1949년, 미 공군 대위 에드워드 머피는 인간이 견딜 수 있는 충격의 한계
를 실험하는 프로젝트에 참가했다. 머피는 자신이 개발한 센서를 부착하고
차를 출발시켰다. 그러나 센서의 수치는 0에서 조금도 변하지 않았다. 누
군가 실수로 센서를 잘못 설치한 것이었다. 화가 난 머피가 한마디 했다.

"여러 가지 방법 가운데 잘못될 방법이 딱 한 가지 있다면, 이 친구는
꼭 그렇게 한단 말이야."

이것이 최초의 머피의 법칙이었고, 그 뒤 수많은 변형이 생겼다.

그러나 머피의 법칙은 순전히 오해다. 우리는 어떤 일의 결과가 좋으면

당연하다고 생각하고 그 결과를 무시하거나 싹 잊어버리는 경향이 있다. 반대로, 나쁜 결과는 눈에도 잘 띄고 그만큼 자주 일어나는 것처럼 느껴진다. 잘 잊히지도 않는다. 다시 말해 머피의 법칙은 일이 일어난 다음에 나쁜 결과만을 보고 '그럴 줄 알았다.'고 생각하는 사후 확신 편향의 일종이다.

④ - ③

내 잘못이 아니야!

"얼른 들어오지 않고 뭐 해?"

상담소 문이 벌컥 열리더니 날카로운 여자 목소리부터 들렸다. 똘이의 팔을 잡아끌고서 안으로 들어온 사람은 똘이 엄마였다. 신통은 벌떡 일어섰다.

"형수님!"

"아이, 엄마는…… 창피하게! 이 팔 놓으라니까. 내가 간다고."

똘이가 볼멘소리를 했다.

"창피하긴 뭐가 창피해? 삼촌, 안녕하셨어요?"

"예, 형수님, 어서 오세요. 똘이도 잘 있었니?"

똘이 엄마와 똘이가 소파에 앉았다. 방통이 어느 틈에 신데렐라 두 잔을 내왔다.

"고마워요, 방통 삼촌."

방통은 말없이 빙긋 웃으며 고개만 까딱했다. 신통이 물었다.

"그런데 형수님이 여기 웬일이세요? 똘이가 무슨 사고라도 쳤나요?"

똘이 엄마가 칵테일 한 모금을 들이켜고는 잔을 탁자에 내려놓았다.

"사고요? 흥, 사고라면 아주 대형 사고지요."

"무슨 대형 사고야, 엄마는······."

똘이가 다시 볼멘소리를 하자 똘이 엄마가 퉁바리를 놓았다.

"그게 대형 사고가 아니면? 사회가 50점이 뭐니, 50점이?"

신통도 눈을 크게 떴다. 평소에 공부를 곧잘 하던 똘이가 50점? 그것도 사회에서?

"사회는 암기 과목이라고 큰소리치더니, 왜 그랬어?"

신통이 짐짓 혼내는 척을 했다. 똘이가 말했다.

"시험 문제가 갑자기 달라졌다니까. 서술식 문제가 많이 나왔다고. 그래서 나만 그런 게 아니라 다른 아이들도 사회 점수가 나쁘게 나왔어. 문제 유형이 달랐다고."

"그래? 요즘에는 단답형 문제보다 서술형 문제가 많이 나온다더

니 정말로 그런가 보구나."

"그걸 핑계라고 대고 있어? 문제 유형이 다르면 선생님이 미리 말씀해 주셨을 거 아니야? 공부도 그에 대비해 했을 테고."

똘이 엄마가 눈을 부라렸다. 똘이도 지지 않고 말했다.

"그러게. 우리 선생님은 가르치는 데 문제가 있다니까. 맨날 숙제나 내고……."

"지가 공부를 안 했다는 말은 절대 안 하지?"

"나 나름대로 열심히 했다니까. 문제 유형이 바뀌지만 않았어도……."

"그래도 이 녀석이!"

똘이 엄마가 눈에 보이지 않는 매를 높이 치켜들었다. 신통이 보이지 않는 매를 잡으며 말했다.

"형수님, 잠깐만요. 화만 내지 마시고…… 똘이 혼내려고 여기 오신 건 아니잖아요?"

똘이 엄마가 휴, 하고 한숨을 쉬었다. 그러고는 칵테일을 다시 한 모금 마셨다.

"방통 삼촌, 이거 맛있네요."

방통이 다시 씩 하고 웃었다.

"답답해서 이야기 좀 하려고 왔어요."

"똘이가 시험을 잘 못 봐서 화가 나신 건가요?"

4장 · 잘못된 습관, 잘못된 사고

"아니요. 시험이야 나중에 잘 보면 그만이지요."

"그럼 뭐 때문에⋯⋯?"

신통이 궁금하다는 표정을 지었다. 고개를 숙이고 있던 똘이도 엄마를 돌아보았다.

"나는 똘이를 믿어요. 평소에 공부도 잘하고 또 열심히 하니까요. 무엇보다 책을 좋아하니까 기본기가 튼튼하잖아요."

"그럼 뭐가 걱정이세요?"

"그런데 무슨 일만 있으면 왜 남의 탓을 하는지 모르겠어요. 아까 삼촌도 들었지요? 자기가 열심히 안 했다는 소리는 죽어도 안 해요. 그래 놓고는 뭐, 문제 형식이 달라졌느니, 선생님이 잘못 가르쳤느니, 맨 남 탓만 하잖아요."

"내가 언제 남 탓을 했다고 그래? 사실을 사실대로 말했을 뿐인데."

똘이 엄마가 다시 똘이를 향해 가자미눈을 떴다. 신통은 고개를 끄덕끄덕했다.

"그렇군요. 무슨 말씀이신지 알겠습니다. 그런데 뭔가 일이 잘 안 됐을 때, 남의 탓을 하는 것은 똘이만이 아니에요. 누구나 그렇지요. 저도 마찬가지고요. 제가 작년에 책을 한 권 냈는데요, 아주 반응이 좋았어요. 저는 당연하다고 건방을 떨었더랬어요. 제가 정말 열심히 공부하고, 시장조사도 충분히 했기 때문에 잘 팔릴 수밖에 없다고 생각했지요."

"아, 그 책! 맞아요. 정말 재미있던데요. 삼촌이 한 권 줘서 나도 읽어 봤잖아요."

"하하, 감사합니다. 그런데 몇 달 전에는 더 훌륭한 책을 냈어요. 이번에는 유머와 재치가 넘치는 책인 데다가 최근의 연구 성과까지 담고 있어서 아주 유익한 책이지요. 그래서 저는 먼젓번 책보다 더 잘 팔릴 거라고 생각했어요. 출판사와 주변 사람들도 그렇게 믿었고요. 그런데 이번 책은 형편없네요. 아직 초판도 다 나가지 않았어요."

신통이 고개를 절레절레 저었다.

"그래요? 이유가 뭐래요?"

똘이 엄마가 신통을 빤히 바라보았다.

"그야 사람들이 좋은 책을 알아보지 못하기 때문이지요. 출판사도 문제가 많았어요. 저번 책이 잘 팔렸으니까 이번 책은 광고를 하지 않아도 잘 팔릴 것이라고 하더라고요. 사실 휴가철에 책이 나와서 사람들이 책을 읽기보다는 산과 바다로 놀러 가기 바빴을 텐데."

"어휴, 삼촌도 남 탓을 하는군요."

"그게 제가 하고 싶은 말입니다. 저도 알게 모르게 남 탓을 하고 있었던 거지요, 바로 조금 전까지. 이것이 바로 '이기적 편향'이라는 건데, 저 역시 이기적 편향에 빠져 있었던 거지요."

"하하, 그리고 보니 남의 이야기가 아니라 똘이 아빠한테도 그런

일이 있었어요. 삼촌도 알 거예요. 올봄에 똘이 아빠 회사에서 큰 프로젝트를 진행했잖아요?"

"박물관 설계 공모전 말씀이지요? 잘 안됐다고 형님이 실망이 크시던데……."

"예, 공모전에서 일등에 당선돼야 일을 따낼 수 있는데 그만 떨어지고 말았지요. 그 프로젝트를 한다고 똘이 아빠는 팀을 짜서 며칠간 밤까지 새우면서 일했어요. 집에서도 책을 산더미처럼 쌓아 놓고 그렇게 열심히 준비를 했는데, 그만 다른 건축 회사가 당선되고 말았지요. 그러자 팀원들이 모두 똘이 아빠 탓을 하는 거예요. 팀장님이 최신 정보에 어두워서 유행에 뒤떨어진 설계를 했다, 팀장님이 너무 고지식해서 박물관 측 담당자와 사이가 좋지 않았다, 그래서 박물관 측 요구 사항을 잘 알지 못해서 떨어진 거다 등등 별별 말이 많았어요. 똘이 아빠는 어이가 없다며 며칠간 아무 말도 않고 밤에 잠도 잘 못 자더라고요."

"맞아요. 따지고 보면 팀원들 잘못도 분명 있을 텐데, 팀원들도 이기적 편향에 빠져 있어서 그런 거겠지요."

"그래도 그렇지 사람들이 어쩌면 그렇게 이기적이에요? 처음에 팀에 뽑아 줬을 때는 팀장님, 팀장님 하고 따르면서 간이라도 빼 줄 것처럼 굴더니, 공모전에서 떨어지자마자 팀장 욕을 사방에 대고 하고 다니고……. 내가 그런 사람들한테 저녁까지 해서 대접했다니까요."

똘이 엄마는 지금 생각해도 분하다는 듯이 씩씩거렸다.

"그래서 이기적 편향이란 말이 붙은 거겠지요. 사실 개인만 이기적 편향에 빠지는 게 아니라 단체도 마찬가지예요. 편을 갈라서 싸울 때 보면 그것을 잘 알 수 있지요. 예를 들어 우리나라와 다른 나라의 축구 경기를 생각해 보세요. 우리나라 선수가 반칙을 하면 그런 위기 상황에서는 어쩔 수 없는 행동이라고 생각합니다. 심지어는 반칙을 한 선수에게 박수까지 쳐 주지요. 하지만 같은 상황에서 다른 나라 선수가 반칙을 하면 박수는커녕 야유가 터져 나오지요. 그러고는 스포츠맨십을 지키지 않는 선수라고 욕하지요."

"호호, 나도 그럴 거 같아요. 심판은 공정해야 하는데, 우리 편을 들어 주면 고맙고 남의 편을 들어 주면 정말 밉게 보이지요. 그런데 이런 이기적 편향이 왜 생기지요?"

"사람들이 자기 자존심을 지키려다 보니까 그런 거라고 봐야겠지요. 어떤 일이 잘못됐을 때 '이건 모두 내 탓이다. 내가 잘못한 것이다.'라고만 생각하면 우리는 삶을 살아가기가 정말 힘들 거예요. 심하면 우울증에 빠지겠지요. 객관적으로는 나 때문에 일이 잘못되었더라도 '나는 잘했는데 남이 잘못했기 때문이다.'라고 생각해야 마음이 편해질 테고 살아갈 용기도 얻을 수 있을 테니까요."

똘이 엄마가 고개를 끄덕끄덕했다. 그러고는 똘이를 향해 말했다.

"삼촌 말씀 잘 들었지? 네가 남의 탓을 하는 것은 이기적인 거야."

"이기적인 것일지도 모르지. 하지만 누구나 다 그렇다잖아!"

똘이 엄마가 뭐라고 말하려고 입을 막 벌리는데 신통이 말했다.

"관두세요. 똘이가 말은 저렇게 해도 자기 잘못을 알 겁니다. 우리는 겉으로는 남의 탓을 해도, 속으로는 자기가 무엇을 잘못했는지 잘 알고 있으니까요."

'나도 알아. 내가 잘못했다는 걸. 다음부터는 이런 실수 안 할 거야. 그러니까 그만들 좀 하라구.'

똘이 엄마도 어디선가 들리는 마음의 소리를 듣고 벌린 입을 다물었다. 그러고는 말없이 똘이 머리를 쓰다듬었다.

이기적 편향

　나는 평소 공부를 잘한다. 지난번에도 성적이 좋게 나왔다. 당연하다. 나는 원래 머리가 좋고, 또 그만큼 열심히 공부했기 때문이다. 그런데 이번 성적은 어찌 된 일인지 형편없다.

　이유가 뭘까? 물론 시험 전날 친구가 찾아와서 공부를 제대로 못 했기 때문이다. 시험 문제 유형이 갑자기 바뀌었기 때문일 수도 있다. 어쨌든 내 탓이 아니라 다른 사람 탓이다. 이렇게 **성공을 했을 때는 자기가 잘해서 성공한 것이고, 실패를 했을 때는 다른 사람이나 상황을 탓하는 것을 '이기적 편향'**이라고 한다.

　학생들뿐만 아니라 선생님들도 이기적 편향에 쉽게 빠진다. 1992년, 프랑스의 심리학자 파트리크 고슬링은 중·고등학교 교사들에게 학생들의 시험 성적이 좋을 때와 나쁠 때, 각각의 원인이 무엇이라고 생각하느냐고 물었다. 그 결과, 대부분의 교사들이 성적이 좋은 것은 교사가 뛰어나거나 교수법이 훌륭해서라고 대답했다. 그러나 학생들 성적이 나쁜 것은 학생들이 공부를 안 한 탓이거나 가정환경이 좋지 않아서라고 대답했다.

　회사에서도 마찬가지다. 한 팀의 프로젝트가 실패하면 항상 무능한 팀장이나 이해력이 부족한 임원들 탓을 한다. 아무도 자신이나 자신이 속한 팀의 능력이 부족했기 때문이라고는 생각하지 않는다. 물론 성공하면 자신과 자신의 팀의 능력이 뛰어나서이다.

이기적 편향은 방금 말했듯이 자기가 속한 팀 차원에서도 나타난다. 자기 학교가 다른 학교와 축구 경기를 했다. 이겼다면 물론 자기 학교 선수들의 실력이 뛰어나서 이겼다. 그러나 졌다면, 상대편 선수가 반칙을 많이 하고 심판이 편파적이었다고 주장한다. 자기 고장 사람들이 단결을 잘하면 애향심이 강한 아름다운 풍경이지만, 다른 고장 사람들이 단결을 잘하면 자기들밖에 모르는 편협한 모습이다.

왜 이런 이기적 편향이 생겼을까? 우리는 어떤 일을 끝마친 후, 그 일에 대해 평가와 반성을 한다. 그 과정에서 일이 성공하게 된 혹은 실패하게 된 원인을 따져 보려 하지만 성공과 실패의 진정한 원인을 찾는 것이 그리 간단한 일은 아니다. 당시의 특수한 상황에서 비롯된 결과일 수 있고, 심지어는 정말 우연히 이루어진 결과일 수도 있기 때문이다.

어쨌든 원인을 찾아야 한다면, 우리는 마음 편한 쪽에서 원인을 찾는다. **특히 실패를 했을 때는 우리의 자존심이 상하지 않는 방향에서 원인을 찾는다. 그리하여 실패의 원인은 늘 타인과 상황, 시기 등 나 자신이 아닌 다른 데에 있게 된다.**

이렇게 이기적인 것이 사람의 마음이다. 이기적 편향은 치사하고 비겁하게 보이기는 하지만, 일이 잘못됐을 때 실패의 원인을 남의 탓으로 돌림으로써 나의 자존심을 유지하는 심리적인 방어 능력이다. 그러나 실패했을 때마다 자기반성은 하지 않고 남의 탓만 하다가는 자기 발전을 이룰 수 없다. 자존심이 상하더라도 냉정히 자기 내면의 소리에 귀를 기울여 보자.

실패의 진정한 원인이 어디에 있는지.

모든 것은 네 탓이야,
〈스파이더맨 3〉 --------------------------------

샘 레이미 감독의 영화 〈스파이더맨 3〉(2007)에서 사진 기자 지망생 에디(토퍼 그레이스)는 뷰글 신문사에 스파이더맨(토비 맥과이어)을 찍은 사진을 가져다주면서 정규직으로 취직하고 싶다고 말한다. 편집장은 스파이더맨이 범죄를 저지르는 현장을 찍어 오면 직원으로 채용하겠다고 약속한다.

영화 〈**스파이더맨 3**〉(2007)의 포스터.

에디는 어떻게든 나쁜 짓을 저지르는 스파이더맨의 사진을 찍으려 했으나 사정이 여의치 않자 사진을 합성해 스파이더맨이 은행 강도를 저지르는 사진을 조작해 낸다. 이 사진 때문에 스파이더맨은 하루아침에 도둑으로 몰리고, 에디는 뷰글 신문사의 정직원이 된다. 그러나 동료 기자 피터(토비 맥과이어, 1인 2역)가 에디의 사진이 조작 사진임을 밝혀 에디는 신문사에서 쫓겨나고 만다.

에디가 직장에서 쫓겨나고 망신을 당한 까닭은 그가 사진을 조작했기 때문이다. 그러나 이기적 편향에 빠진 에디는 모든 문제의 원인을 자기가 아니라 다른 데서 찾는다. 자기가 이 꼴이 된 것은 사진이 조작되었음을 밝힌 피터 때문이라는 것. 분노에 찬 에디는 교회를 찾는다. 반성하고 회개하기 위해서가 아니다. 에디는 절규한다. "전능하신 하느님께 비참하고 참담한 심정으로 부탁 하나만 드립니다. 피터를 죽여 주십시오."

4 - 4

이것저것
따질 거 있어?

"오늘 심통 클럽 모임은 떡볶이 가게에서 하는 게 어떨까?"

신통의 말에 심통 클럽 회원들의 함성이 터져 나왔다.

"와!"

"좋아요!"

"우리 국물 떡볶이 가게에 가요!"

신통과 방통이 손가락을 입에 대고 아이들에게 소리 죽여 말했다.

"쉿, 조용히 해!"

"다른 반 아이들이 듣고 자기들도 데려가 달라고 하면 어떡하니?"

"알았어요."

아이들도 소리를 죽여 대답했다. 그러고는 발소리까지 죽여 가며 학교를 빠져나왔다.

5분쯤 걸어 나가자 전통 시장 거리가 나오고, 한 블록 더 가자 떡볶이 거리가 나왔다. 내로라하는 떡볶이 가게가 줄지어 서 있는 거리다.

"떡볶이 가게가 더 많아졌네. 어디로 가지?"

신통과 방통이 어쩔 줄을 모르고 서 있자 아이들이 한마디씩 했다.

"〈걸작〉이 제일 낫지 않아?"

"나는 〈칠성〉이 더 나은 거 같던데."

"〈바로 떡볶이〉는 어때?"

"글쎄, 새로 생긴 데가 많아서 잘 모르겠네."

그도 그럴 것이 이 거리가 떡볶이 거리가 된 지도 얼마 되지 않은 데다가 '국물 떡볶이'라는 메뉴가 자리 잡은 것은 겨우 한 달 새 일이었다.

아이들이 어디를 갈까 두리번거리는데, 똘이가 소리를 질렀다.

"저리로 가자. 〈원조 국물 떡볶이〉!"

"원조?"

"정말 원조일까?"

"그래도 원조라는데, 한번 가 보지, 뭐."

그렇게 해서 〈원조 국물 떡볶이〉 가게에 아이들이 빙 둘러 자리를 잡았다.

"여기 국물 떡볶이 10인분에 순대하고 어묵도 좀 주세요."

마음씨 좋게 생긴 아저씨가 주문을 받았다. 그리고는 주방 쪽에 대고 소리를 질렀다.

"국물 열이오!"

신통이 말했다.

"너희들 전에 여기 와 본 적 있니?"

와 본 사람은 민서뿐이었다.

"똘이 네가 여기 오자고 했잖아. 한 번도 와 본 적이 없으면서 왜 여기로 오자고 했니?"

"응? 아니, 예? 원조라잖아요. 원조니까 맛도 좋겠지요."

똘이는 친구들이랑 함께 있을 때는 삼촌에게 높임말을 쓰기로 했나 보다. 신통이 씩 웃더니 다른 아이들에게도 물었다.

"너희들은 왜 이리로 오자고 했어?"

"똘이하고 같은 생각에서 그랬지요."

"이것저것 따지기 귀찮잖아요. 잘 모르기도 하고. 그런데 원조라는 말이 쓰여 있으니까 괜찮겠다 생각이 든 거지요."

훈이 말을 듣고 신통이 고개를 끄덕였다.

"오늘 주제는 이것으로 해야겠는걸."

아이들이 모두 고개를 신통 쪽으로 돌렸다.

"우리가 수많은 가게 사이에서 망설인 까닭은 어디가 제일 맛있는 집인지 몰라서 그랬던 거지."

"어디가 제일 많이 주는 집인지도 몰랐지요."

먹성 좋은 뚱이가 말했다.

"하하, 그래. 맞아. 그것도 몰랐지. 한마디로 무언가 선택하고 판단해야 하는데, 정보가 너무 부족했던 거야. 다 조금씩 먹어 보고 나서 결정하면 좋겠지만 그럴 수도 없고 말이야. 이럴 경우, 우리는 자기가 평소에 알고 있던 것이나 경험했던 것, 아니면 그 순간 머리에 떠오른 생각 등을 바탕으로 판단하는 경향이 있어."

"그렇지요. 안 그러면 해골이 너무 복잡해지잖아요."

"하하, 그렇지. 우리가 무언가를 판단하고 결정할 때마다 일일이 따지고 계산할 수는 없는 노릇이지. 민서 말대로 해골이 너무 복잡해지니까. 왕짜증스럽거든. 그럴 때 우리는 '휴리스틱'이라는 일종의 판단 기술을 사용해."

"휴리스틱이라고요?"

아이들이 합창을 했다.

"응, 그리스어에서 나온 말로 '발견하다'라는 뜻인데, 대충 어림짐작으로 재빨리 판단하는 방법을 말해. 아까 우리는 어디가 맛있고 양 많은 가게인지 몰랐잖아. 이렇게 정보가 턱없이 부족한 상황에서 너희들이 어떻게 했지? '원조라면 괜찮을 거야.' 하고 쉽고 빠르게

14살에 시작하는 처음 심리학

판단을 내렸잖아? 이것이 바로 휴리스틱이지."

아이들이 아하, 하고 소리를 냈다.

"그럼 우리가 평소에 자주 써먹는 판단 기술이네요?"

"그렇지. 어떤 것들이 있을까?"

"싼 게 비지떡이라고, 비싼 것이 좋을 것이라고 생각해요."

"그것도 휴리스틱의 일종이라고 봐야겠네. 다른 것은?"

"안경 쓴 여학생은 공부를 잘할 것이라고 생각해요."

"깐깐하고 까칠하지 않나?"

훈이 말에 용이가 딴지를 걸었다.

"하하, 누구 말이 맞는지 모르겠지만, 두 가지 다 휴리스틱의 예로
는 훌륭한 것 같은데. 좋아. 방금 너희들이 예로 든 것은 휴리스틱 가
운데서도 대표성 휴리스틱이라고 할 수 있어. 어떤 대상의 특징이나
속성을 가지고 그 대상의 모든 것을 판단해 버리는 거지."

"그럼 잘못 파악할 수도 있겠네요?"

민서가 물었다.

"응, 좋은 지적이야. 공부를 열심히 해서 눈이 나빠질 수도 있겠지
만, 다른 이유로 눈이 나빠질 수도 있잖아. 그런데 안경을 썼다고 해
서 모두 공부를 잘한다고 생각하면 그건 잘못 판단한 거지. 그래서
휴리스틱은 기본적으로 위험한 판단 기술이기도 해. 조심해서 다루
어야 하지."

"대표성 휴리스틱 말고 또 다른 휴리스틱도 있나요?"

"아, 그 이야기를 하다 말았구나. 몇 가지 더 있지만 오늘은 가용성 휴리스틱이라는 것에 대해서만 더 알아보자. 곧 떡볶이가 나올 것 같으니까."

"가용성? 가용성이 무슨 뜻이에요?"

"영어로 availability라고 하는데, 무슨 뜻인지 아는 사람 있니?"

"available의 명사형이지요. available은 '구할 수 있는, 이용할 수 있는'이란 뜻이고요."

역시 영어라면 한 수 위인 철이가 재빨리 대답했다.

"와우!"

"짱이야!"

아이들 사이에서 환성이 터져 나왔다. 신통이 박수를 쳤다.

"역시 우리 철이야. 맞아. 보충하자면 주위에서 쉽게 구할 수 있다는 뜻이지. 다시 말해, 우리 머리에서 얼른 떠오르는 생각을 바탕으로 한 휴리스틱이라는 뜻이야. 예를 들어 보자."

신통이 잠시 눈을 위로 치켜떴다.

"우리 어머니는 내가 차를 끌고 나갈 때마다 졸리면 운전하지 말라고 하셔. 교통사고의 가장 큰 원인이 졸음운전이라고 하시면서. 실제로는 어떤지 잘 모르시지만."

"왜 그러시는 거예요?"

"어머니 친구 아들이 얼마 전에 졸음운전으로 사고를 냈대. 그래서 그러시지. 이처럼 떠올리기 쉬운 주변 이야기를 토대로 판단하는 것, 이것이 가용성 휴리스틱이야. 너희들도 예를 찾아볼 수 있을까?"

"우리 할머니는 라면을 아주 좋아하세요. 엄마가 라면은 몸에 해로우니까 그만 드시라고 해도 날마다 하루 한 끼는 라면을 드세요. 텔레비전에서 보았는데, 강원도의 한 할아버지는 삼시 세 끼 라면만 먹는데도 끄떡없더라고 하시면서."

"맞아, 나도 그 프로그램 보았어."

"응, 그것도 좋은 예로구나. 백 살 넘은 할아버지가 하루에 담배를 세 갑씩 피우는데도 정정하시다. 그러므로 담배가 몸에 해로운 것은 아니라고 주장하는 것도 가용성 휴리스틱이지."

"이런 것은 어떨까요? 미국에 사는 내 친구가 그러는데, 한국 사람들은 모두 개고기를 잘 먹는다고 한대요. 그것도 텔레비전에 나왔다고."

"그렇지. 그것도 가용성 휴리스틱이지. 한국 하면 개고기를 연상하기 쉬우니까."

"정치인들이 선거 때만 되면 전통 시장에 가서 순대를 사 먹기도 하고, 아줌마가 집어 주는 튀김도 먹고 그러잖아. 나는 이것도 정치인들이 가용성 휴리스틱을 이용하는 것이라고 생각해. 사람들이 나중에 그 정치인을 생각할 때 시장에서 한 행동을 쉽게 기억할 것이

고, 결과적으로 그를 서민을 대변하는 사람으로 생각할 거 아니야?"

방통의 말에 모두들 무언가를 생각하는 표정을 지었다. 신통이 손가락을 탁 튀겼다.

"맞아. 좋은 예야. 아까도 잠깐 얘기했지? 휴리스틱은 적절한 판단을 내리기 위한 신속하고도 편리한 기술이야. 하지만 심각한 오류를 낳기도 해. 방통이 지적한 것처럼 우리에게 잘못된 믿음을 갖게 할 수도 있어."

"잘못된 휴리스틱에 빠지지 않으려면 어떻게 해야 하나요?"

"휴리스틱이란 어떻게 보면 우리가 하던 대로 생각하고 하던 대로 행동하는 것이잖아. 그러니까 휴리스틱의 오류에 빠지지 않으려면 우리 생각과는 다른 의견을 많이 참고해야 하겠지. 무언가 중요한 일을 결정해야 할 때에는 몇 가지 정보만을 가지고 너무 쉽게 판단하지 말고 다른 경험을 가진 사람들의 이야기를 될수록 많이 들어봐야 하겠지."

드디어 기다리던 떡볶이와 순대, 어묵이 나왔다.

"자, 우리의 휴리스틱이 제대로 작동했는지 확인해 볼까?"

"예!"

신통의 말이 끝나기도 전에 아이들이 먹이를 향해 달려들었다.

휴리스틱

우리는 살아가면서 수많은 의사 결정을 한다. 그때마다 오랜 시간을 들여 충분한 정보를 검토한 후, 합리적으로 결론을 내리면 좋겠지만 우리가 얻을 수 있는 정보의 양에는 한계가 있기 마련이다. 또, 아주 논리적이고 합리적인 결론을 내릴 만큼 우리의 사고능력이 뛰어나다고 할 수도 없다. 그래서 우리는 대개의 경우, **모든 정보를 수집해서 꼼꼼히 따져 보기보다는 그동안의 경험이나 쉽게 얻을 수 있는 몇 가지 정보만을 바탕으로 결론을 내린다.** 이러한 심리적인 기술을 '휴리스틱'이라고 한다.

휴리스틱에는 크게 두 가지가 있다. 첫 번째는 **대표성 휴리스틱**이다. 대통령 선거나 국회의원 선거를 예로 들어 보자. 국민이면 누구나 훌륭하고 진정성 있는 사람을 대통령이나 국회의원으로 뽑고 싶어 한다. 그러나 어떤 후보가 진정으로 국민을 위해서 봉사할 사람인지 알기가 쉽지 않다. 그러려면 후보들의 공약과 도덕성, 그동안의 경력 등 여러 가지를 따지고 비교하여 판단을 내려야 하는데 그러기에는 시간도 부족하고 정보도 부족하다. 또, 내가 선택한 후보가 반드시 당선된다는 보장도 없고, 설령 당선된다고 하더라도 실제로 내가 기대했던 훌륭한 인물이 아니었을 수도 있다.

그래서 우리는 후보를 어림짐작으로 판단하곤 한다. 텔레비전 드라마에서 인자한 아버지 역할을 많이 한 탤런트 출신 후보자를 보면 정치도 푸근

하게 잘할 것이라고 짐작한다. 좋은 대학을 나왔으니 좋은 머리로 정치도 야무지게 잘할 것이라고 믿기도 하고, 어렵게 자랐으니 서민의 편에 서서 일할 것이라고 생각하기도 한다. 후보자가 갖고 있을 만한 **대표적인 특징이나 속성만으로 판단하는 것**이다. 대표성 휴리스틱이 작용하는 방식이다.

두 번째는 **가용성 휴리스틱**이다. 가용성이라는 말은 당장 쓸 수 있다는 말인데, **내가 잘 아는 것, 내 머릿속에 쉽게 떠오르는 생각을 바탕으로 판단을 내리는 방식**이다. 예를 들어 한국인의 사망 원인 1위는 단연 암이다. 그렇다면 사망 원인 2위는 무엇일까? 정확한 통계를 알고 있는 사람이라면 모를까, 그렇지 않은 사람들은 얼른 떠올릴 수 있는 기억을 바탕으로 답을 할 것이다. 아는 사람을 교통사고로 잃은 기억이 생생한 사람은 교통사고라고 답할 것이고, 최근 신문에서 10대 청소년의 자살 뉴스를 보았다면 자살이라고 답할지도 모른다. 가용성 휴리스틱이 작용한 결과이다.

복잡하고 바쁜 세상 속에서 하나하나 따지고 계산하면서 살 수는 없는 일이다. 이럴 때, 휴리스틱은 매우 경제적이고 합리적인 판단 기술이다. 그러나 휴리스틱은 치명적인 오판을 가져올 수도 있다. 휴리스틱의 함정에 빠지지 않으려면 자신과 다른 의견을 가진 사람의 말을 늘 귀담아들어야 한다. 다른 경험을 한 사람들의 말을 경청하는 것이 휴리스틱의 함정에 빠지지 않는 좋은 방법이다.

본능으로 스스로를 지켜야 한다, 〈아메리칸〉 ------------------------------------

안톤 코르빈 감독의 영화 〈아메리칸〉(2010) 속 킬러 잭(조지 클루니)은 스웨덴에서 휴가를 즐기는 동안 누군가로부터 총격을 받고 겨우 목숨을 건진다. 스스로 타깃이 되었음을 깨달은 잭은 사진가로 변장하고 이탈리아의 작은 마을로 몸을 피한다.

언제 어디서 자기를 노리고 있을지 모를 암살자가 누구인지 어떻게 알 수 있을까? 잭

영화 〈아메리칸〉(2010)의 포스터.

에게는 아무런 정보도 없고 자기를 왜 노리는지 찬찬히 따져 볼 시간도 없다. 단지 '총을 가지고 있는가', '자기를 감시하고 있는가' 단 두 가지 단서로 누가 암살자일지 추측할 뿐이다. 암살의 대표적인 단서 '총과 감시'만을 기준으로 판단하는 대표성 휴리스틱이다.

영화 광고문에는 '마지막 순간, 본능대로! 이제 스스로를 지켜야 한다!' 라는 표현을 썼다. 킬러의 본능, 그것이 바로 휴리스틱이다.

제 5 장

이상야릇한
우리의 심리

우리는 과연 합리적인 존재일까? 우리는 객관적으로 사물을 바라보고 편견 없이 사람을 평가할 수 있을까? 우리는 그렇다고 믿고 있다. 적어도 합리적으로 생각하고 평가하고 판단하려고 노력한다. 그럼에도 우리는 미스터리의 세계에 관심을 갖고, 허황된 점성술과 심령술에 심취하며, 잘못이라는 것을 알면서도 매번 똑같은 오류를 범한다. 그러면서 그럴 수밖에 없는 것이 인간의 심리라고 여긴다. 우리는 합리적인 존재라기보다는 합리화하는 존재이다. 인간의 심리는 정말이지 알다가도 모를 세계이다.

5 - ①

딱
내 이야기잖아

"여기가 신통방통 심리 상담손가요?"

아주머니 한 분이 상담소 문을 빼꼼히 열고 안을 들여다보았다.

"예, 어서 오세요."

방통이 재빨리 일어서서 아주머니를 맞았다. 하늘거리는 원피스에 최신 유행하는 선글라스를 끼고 명품 핸드백을 든 멋쟁이 아주머니였다.

"이리 앉으시지요."

선글라스를 벗고 상담소 여기저기를 조심스레 둘러보던 아주머니가 소파 끄트머리에 엉덩이를 걸치고 앉았다.

"자, 무슨 일로 오셨습니까?"

어느 틈엔가 아주머니 건너편에 신통도 자리를 잡고 앉았다.

"다름이 아니라요. 저……."

방통이 음료수 한 잔을 아주머니 앞에 살짝 내려놓았다. 자몽 주스와 오렌지 주스를 2 대 1로 섞은 방통표 특제 주스였다.

아주머니는 머뭇거리면서 주스를 한 모금 홀짝 마시더니 마음을 먹은 듯 입을 떼었다.

"요 앞에 부채 도사라고 있잖아요?"

부채 도사는 이 동네에서 용하다고 소문난 점쟁이였다.

"제가 몇 달 전에 그 집에서 점을 쳤는데, 정말 그렇게 잘 맞힐 수가 없더라고요. 최근에 저희 남편 사업이 어렵다는 것, 얼마 전에 제 아들이 특목고에 합격한 것 하며 모두 단번에 알아맞히더라고요. 나는 별 이야기도 안 했거든요."

"아, 그래요?"

"네, 그래서 남편 사업이 잘되려면 어떻게 해야 하느냐고 묻자 부채 도사님이 부채점을 치고 나서는, 굿을 해야 한다고 했어요. 저는 그 말만 믿고 큰돈을 들여 부채 도사님이 시키는 대로 굿을 한바탕 했지요. 그런데……."

아주머니가 말을 잇다 말고 다시 주스 컵을 향해 손을 뻗었다.

"그래서 사업이 잘되었나요?"

방통이 묻자 아주머니가 황급히 손을 저었다.

"아니요. 잘됐으면 제가 여기 왔겠어요? 사업은 더 힘들어지기만 했어요. 부채 도사님을 다시 찾아갔지요. 그러자 부채 도사님 말씀이 정성이 부족해서 그런다고, 굿을 한 번 더 해야 한다고 그러더라고요. 지난번보다 더 크게."

"그랬군요. 그런데 저희가 어떻게 도와 드려야 할까요?"

잠자코 듣기만 하던 신통이 입을 열었다.

"사업도 어려운데 큰돈을 들여 굿을 한 번 더 해야 한다고 하니까…… 이게 잘하는 일인가 싶어서요."

"부채 도사가 어떻게 점괘를 쳤길래 그렇게 잘 알아맞힌다고 생각하셨나요?"

신통이 묻자, 아주머니는 기다렸다는 듯이 핸드백에서 종이 한 장을 꺼내서 신통에게 내밀었다.

"부채 도사님이 저한테 주신 점괘예요."

망망한 바다에 바람까지 만나니 그 외로움이란 이루 말하기 어렵습니다. 올해 운수는 파란이 많으리라 봅니다. 무리한 일을 행하여 이익을 얻으려 하다가는 도리어 해를 당하게 되니 과욕은 절대 금물입니다. 적막한 천지에 기댈 곳 없는 처지이니 인간 세상에서 그 고독을 누가 가늠할 수 있으리오.

"이것이 남편의 사업운이에요. 남편은 외아들이라 도와줄 형제자매 하나 없는데, 어쩜 이리 잘 맞히는지 모르겠어요. 실은 남편이 하고 있던 사업을 이번에 은행 대출을 받아 확장했거든요. 그것이 뜻대로 잘 안된 건데 그것도 운세에 다 나오잖아요."

"흠, 그런가요? 아드님 운세도 있습니까?"

신통이 필요 이상으로 크게 고개를 끄덕였다.

"아들의 운세는 이거예요."

아주머니는 종이 한 장을 더 내밀었다.

음력 2월에는 봄바람에 내리는 가는 비가 목마름을 적셔 주니 여기저기 좋은 일만 나를 기다리겠습니다. 신수가 대길하므로 도처에서 구하려 노력하지 않아도 오래 바라던 일이 저절로 이루어지게 됩니다. 동쪽이나 서쪽으로 가십시오. 그리하면 그곳에는 반드시 좋은 일이 기다리고 있습니다. 교만함을 버리면 더욱 좋아지겠습니다.

"아들이 올봄에 그 어렵다는 외고에 합격했거든요. 그 학교가 동쪽에 있단 말이에요. 중학교 들어가자마자 지금까지 외고 입시 공부를 정말 열심히 했는데, 점괘대로 오래 바라던 일이 딱 이루어졌지 뭐예요. 저는 아들더러 여기서 만족하지 말고 더 열심히 공부하라고 하고 있어요."

아주머니는 다시 주스를 한 모금 마시고, 신통 쪽으로 바싹 다가 앉았다.

"이제 남편 사업운만 트이면 되는데 돈도 다 떨어지고…… 굿을 정말로 한 번 더 해야 할지……. 굿을 하려면 남편 몰래 빚이라도 내 야 한다니까요."

옆에서 듣던 방통이 끙 하는 소리를 내뱉었다. 점이라면 모두 엉터리라고 믿는 방통으로서는 아주머니 이야기가 몹시 못마땅한 듯 보였다.

신통이 갑자기 씩 웃더니 말을 꺼냈다. 얼굴에는 무슨 재미난 장난이라도 치고 싶은 표정이 떠올랐다.

"아주머니, 저도 점을 한번 쳐 볼까요?"

신통은 책상으로 가서 종이 몇 장을 꺼내 왔다.

"자, 이것은 제가 개발한 성격 테스트입니다. 여기 나와 있는 설문지를 작성해 주세요. 그럼 제가 아주머님의 성격을 맞혀 볼게요."

아주머니는 신통이 건네주는 설문지와 볼펜을 받아 들더니 이마에 주름을 잡아 가며 열심히 설문에 답했다. 그사이에 신통과 방통은 의미 깊은 미소를 주고받았다. 방통은 그 설문지가 무엇인지 이미 알고 있는 듯했다.

5분 정도 지나자 아주머니가 볼펜을 내려놓으며 신통을 건너다보았다.

"아, 모두 마치셨습니까? 그럼 제가 한번 보도록 하겠습니다."

신통은 아주머니에게서 설문지를 받아 살피기 시작했다. 이곳저곳에 볼펜으로 체크를 하기도 하고, 설문지 여백에 뭔가 적어 넣기도 했다. 그러고는 컴퓨터 앞에 앉아 키보드를 몇 번 두드리고 마우스를 클릭했다. 금세 프린터에서 출력물이 한 장 나왔다.

"자, 여기 검사 결과가 나왔습니다. 아주머니의 성격을 진단한 것입니다."

당신은 다른 사람들에게 사랑받고 싶어 하지만 스스로에게는 비판적입니다. 당신에게는 아직 살리지 못한 장점들이 많이 있습니다. 겉으로 보기에 당신은 스스로를 잘 통제하고 있지만, 때로는 옳은 결정을 했는지 고민할 때도 많습니다. 당신은 독립적이기 때문에 구속과 제약을 받으면 잘 견디지 못합니다. 당신은 변화에 열려 있으나 확실한 증거가 없을 때는 다른 사람들의 의견을 받아들이지 않습니다. 당신은 과거의 경험 때문에 다른 사람에게 자신을 완전히 드러내는 것은 현명하지 못한 일이라고 생각합니다. 당신은 외향적이고 사교적이지만, 가끔은 내향적이고 말이 없을 때도 있습니다. 당신의 소망 가운데 몇 가지는 조금 비현실적입니다.

아주머니가 눈을 동그랗게 떴다.

"어쩜 이렇게 내 성격을 잘 짚었을까요? 딱 맞아요!"

신통이 빙그레 미소를 지었다. 방통도 흥미진진하다는 듯이 한마디 거들었다.

"점수로 치면 몇 점이나 되나요? 몇 퍼센트나 맞다고 생각되세요?"

"80퍼센트, 아니 90퍼센트! 이건 꼭 내 이야기잖아요."

"하하하, 그렇지요? 그럴 겁니다."

신통이 유쾌하게 웃었다. 신통은 잠시 뜸을 들이다가 말을 이어 나갔다.

"아주머니, 그런데 이건 제가 쓴 게 아니에요. 아주머니 성격을 테스트한 결과는 더더구나 아니고요."

"네?"

아주머니가 그게 무슨 소리냐는 듯이 신통을 빤히 쳐다보았다. 그러다가 테스트 결과지를 신통 얼굴에 대고 흔들었다.

"그럼 이건 뭐예요?"

신통은 테스트 결과지를 받아 탁자에 내려놓았다.

"이것은 버트럼 포러라는 미국의 심리학자가 1949년에 여기저기에 기재된 별자리 운세를 보고 짜깁기해서 만든 글이에요."

아주머니는 무슨 말인지 모르겠다는 듯이 신통의 얼굴만 멍하니 바라보았다.

"포러는 자기 학생들에게 성격 테스트를 한 다음, 테스트 결과라면서 이 글을 모두에게 나누어 주었어요. 다른 사람의 테스트 결과는 서로 보지 못하게 했지요. 그러고는 테스트 결과가 각자의 실제 성격과 얼마나 맞는지 물어보았어요. 그러자 학생들 가운데 85퍼센트가 자기 성격과 맞다고 대답했어요."

"모두 다 똑같은 테스트 결과를 보고, 그러니까 바로 이 테스트 결과를 보고 그렇게 대답했다고요? 어떻게 그럴 수가 있지요? 학생들은 모두 성격이 제각각일 텐데."

"당연히 그렇지요. 그런데 이 테스트 결과를 다시 한 번 잘 읽어 보세요. 표현이 아주 애매하잖아요. 그렇기 때문에 이것은 이 세상 어느 누구에게나 맞는 성격이 된 거지요. 아주머니도 90퍼센트 맞다고 하셨잖아요?"

아주머니가 혀를 내둘렀다.

"그러게요. 그래도 이건 분명히 내 이야긴데……."

아주머니가 갑자기 생각이 났다는 듯이 재빨리 덧붙여 말했다.

"그럼 제가 받은 점괘도?"

"예, 맞습니다. 그 점괘도 찬찬히 읽어 보면 애매하고 모호한 표현으로 되어 있잖아요? 누구나 자기 점괘라고 생각하고 읽어 보면 전부 그럴듯하게 보일 겁니다. 이런 식으로 누구에게나 해당되는 말을 자기한테만 해당되는 말이라고 착각하는 것을 심리학자 이름을 따서 '포러 효과'라고 한답니다. 죄송한 말씀이지만 부채 도사님이 꼭 그렇게 용한 점쟁이가 아닐 수도 있다 이 말이지요."

아주머니가 연신 고개를 끄덕였다. 아주머니는 성격 테스트 결과와 점괘를 다시 한 번 살펴보더니 휴 하고 한숨을 쉬었다.

"그렇군요. 다시 잘 생각해 보고 나서 결정해야겠네요. 돈이 한두 푼 들어가는 것도 아니고."

"네, 그렇게 하세요. 포러 효과에 넘어가지 마시고 찬찬히 따져 보세요."

아주머니가 다시 선글라스를 썼다. 핸드백을 챙겨 들고 상담소 문을 나서는 듯싶더니 무엇인가 생각한 듯 뒤돌아 물었다.

"그런데 소장님, 어디 진짜로 용한 점쟁이, 혹시 모르세요?"

포러 효과

포러가 밝혀냈듯이 사람들은 막연하고 일반적인 이야기에 의미를 부여하고 자신만의 이야기로 받아들이는 경향이 있다. 이러한 경향은 자신에게 유리하거나 좋은 것일수록 강해진다. 좋은 일이 있기를 바라는 우리의 소망 때문이다. 이처럼 **소망이나 착각에 의해 막연한 이야기를 자기에게 이롭게 해석하는 경향**을 '**포러 효과**'라고 한다.

우리는 의미 없는 흔적 따위에서도 무언가 의미를 찾으려고 애쓴다. 9.11 테러로 무너진 빌딩 사이의 연기 속에서 악마의 얼굴을 보기도 하고, 타 버린 빵 표면에서 성모 마리아의 얼굴을 발견하기도 한다. 뜻이 애매모호한 점괘에서도 자신과 딱 들어맞는 부분을 찾기 마련이며, 맞지 않는 부분은 무시해 버리거나 자기가 해석을 잘못해서 그런 것이려니 하고 넘어간다.

이런 포러 효과 덕에 현재 온라인에는 100개가 넘는 운세 사이트가 성업 중이고, 거리에 사주 카페도 흔히 눈에 띈다. 운세 시장의 규모가 연간 4조 원 규모에 이를 것이라고 추산한 언론도 있었다.

정치가와 광고업자들도 포러 효과를 이용하는 데는 선수들이다. 정부에서 우리도 선진국 문턱에 들어섰다고 주장하면 우리는 우리가 선진국 시민이 된 데에 대해 뿌듯해한다. 광고에서 '당신은 소중하니까', '힘들게 일한 당신' 운운하면, 우리는 그 광고가 나에게 말을 거는 것이라고 쉽게 믿고 자부심과 감동마저 느낀다.

결국 포러 효과란 우리가 스스로에 대해 만들어 놓은 환상을 믿기 때문에 생기는 것이다. 앞날에 대한 불안감을 극복하기 위해 무언가로부터 위안받고 싶고, 끊임없이 인정과 칭찬을 받고 싶어 하는 우리의 소망이 포러 효과에 힘을 실어 주는 것이다.

흥행의 천재? 희대의 사기꾼? 피니어스 테일러 바넘 -------------------------

피니어스 테일러 바넘은 미국의 유명한 사기꾼이다. 1835년, 그는 조이스 헤스라는 늙은 흑인 여인의 나이를 161세라고 선전하며 쇼에 출연시켜 성공을 거두었다. 그러나 그녀는 실제 80살이 넘지 않았다. 원숭이 머리와 물고기 꼬리를 교묘히 이어 붙여 피지 인어라고 사람들을 속이고, 4살짜리 어린애를 세상에서 가장 작은 어른이라고 사람들을 속

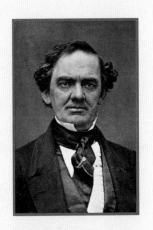

피니어스 테일러 바넘(1810~1891).

이기도 했다. 바넘은 서커스단을 만들어 미국 전역을 돌아다녔다. 복화술사, 난쟁이, 거인은 물론 뱀, 개, 원숭이 등도

5장 · 이상야릇한 우리의 심리

쇼에 이용했다. 좋게 말해서 바넘은 엔터테인먼트 산업의 선구자이자 천재였다.

특히 바넘은 사람들의 성격을 잘 알아맞혔다. 바넘이 애매모호하게 이야기하면 사람들은 '맞아. 바로 내 얘기야.' 하면서 기꺼이 그의 말에 놀라고 즐거워했다. 바로 포러 효과를 잘 이용했던 것으로, 포러 효과를 바넘 효과라고 부르기도 하는 까닭이다.

"이 순간에도 속기 위해 태어나는 사람들이 있다. 세상에 속이지 못할 사람은 없다. 대중은 속기 위해 존재한다." 바넘의 말이다.

5 - ②

당신이 바라는 대로 이루어진다

"하여간 내가 사람 하나는 잘 본다니까요!"

상담소 문이 벌컥 열리더니 김 셰프가 들어왔다. 옆집 이탈리안 레스토랑의 주방장이다. 하얀 셰프 복장 그대로인 것을 보니 잠깐 바람이라도 쐬러 나온 것 같았다. 방통이 시계를 보았다. 점심시간이 한참이나 지나 있었다.

"어서 오세요. 무슨 말씀이세요? 오늘은 또 무슨 일이 있었는데요?"

방통이 김 셰프 앞에 카푸치노 한 잔을 내려놓았다.

"아, 말도 마세요. 은영이가 또 사고를 쳤지 뭡니까?"

김 셰프가 카푸치노 잔을 입으로 가져가 한 모금 마시고는 내려놓

았다. 입가에 흰 우유 거품이 묻어 있는 채로 말을 이었다.

"그렇게 가르쳐 주었는데도 또 스파게티를 죽으로 만들어 놨지 뭡니까? 내가 처음부터 말씀드렸지요? 은영이 얘는 안 된다니까요. 처음부터 어리바리하게 구는 것이 딱 사고 칠 타입이더라고요. 그때도 소장님 말씀만 믿고 좀 더 두고 보자고 했는데 나아지지가 않아요. 벌써 6개월이 지났는데도 실수투성이라니까. 아무리 잔소리를 해도 소용이 없어요."

신통도 조금은 찔리는 구석이 있어서 김 셰프 앞에 조용히 앉았다.

"가끔 따끔하게 혼도 내시나요?"

"그럼요. 얘는 정신을 좀 차려야 한다는 생각에서 일부러 엄하게 다루기도 하지요. 엊그제는 나한테 혼나고 나서 울고불고 난리도 아니었어요. 뭐, 안돼 보여서 달래 주고도 싶었지만 그래도 혼이 나야 정신을 차리지 않겠어요? 시간 맞추어서 가스 불 조절하는 것이 그렇게 어렵나?"

김 셰프가 카푸치노 잔에 다시 손을 뻗는 것을 보고 신통이 물었다.

"은영이랑 같이 들어온 혜인이는 어때요? 잘하고 있나요?"

"그럼요. 혜인이는 잘하지요. 내가 처음에 그랬잖아요. 혜인이는 생긴 것부터 야무지게 생겨서 일 잘할 거라고."

"혜인이에게는 그럼 칭찬도 자주 해 주시겠네요?"

"그렇지요. 잘하니까. 은영이가 혜인이 절반만 따라갔으면 원이 없겠어요."

"그렇군요. 그럼 혜인이는 실수할 때가 전혀 없나요?"

김 셰프가 멈칫하며 들고 있던 카푸치노 잔을 내려놓았다.

"간혹 있기야 하지요. 하지만 평소에 워낙 잘하니까."

"그래서 혜인이는 실수를 해도 야단도 안 치신다, 이거지요?"

김 셰프가 고개만 끄덕했다. 뭐, 문제 있냐는 식이었다.

"셰프님, 제 생각에는 셰프님이 처음부터 두 사람에 대해 단정을 내리고 대해 오셔서 그런 게 아닐까 싶어요. 셰프님 말씀대로 처음부터 은영이는 사고 칠 타입이고 혜인이는 일을 잘할 거라고 단정을 내리셨잖아요. 그래서 두 사람은 셰프님이 예언하신 대로 그대로 돼버린 거 아닐까요?"

김 셰프는 도대체 무슨 말인지 모르겠다는 표정으로 신통을 빤히 바라보았다.

"'피그말리온 효과'라는 게 있어요."

"피그, 뭐라고요?"

"피그말리온이라고, 그리스 신화에 나오는 왕 이름이에요. 피그말리온은 여성이란 결점이 많은 존재라고 생각해서 혼자 살기로 결심했어요. 그 대신 아름다운 여인상을 하나 조각했어요. 피그말리온은 조각을 아주 잘했거든요. 그 조각상은 너무나 완벽해서 살아 있다는 착각을 일으킬 정도로 정교하고 생동감이 넘쳤어요. 피그말리온은 날마다 아름다운 조각상을 보며 감탄하다가 그만 그 조각상과 사랑에 빠지고 말았어요.

그는 조각상에게 멋진 옷을 입혀 주고, 온갖 장신구로 치장해 주었지요. 밤이 되면 조각상에게 팔베개를 해 주며 정답게 말을 건넸어요."

"그래도 조각상과 사랑에 빠지다니, 정말 외롭고 쓸쓸한 이야기네요."

노총각 셰프가 갑자기 동정심을 보였다.

"맞아요. 피그말리온은 언제나 마음이 허전하고 쓸쓸했지요. 그러던 어느 날 사랑의 여신 아프로디테를 기념하는 축제가 벌어졌어요. 사람들은 여신의 신전에 온갖 제물을 바치고 소원을 빌었지요. 피그말리온도 정성껏 마련한 제물을 드리고 여신께 간절하게 기도했어요. '여신이여, 바라건대 저 조각상이 제 아내가 되게 하소서.'

집으로 돌아온 피그말리온은 여느 때처럼 조각상에 다가가 볼에 입을 맞추었어요. 그랬더니 차가웠던 살결에서 따뜻한 온기가 느껴지는 게 아니겠어요! 깜짝 놀라 살펴보니 여인의 양 볼이 수줍은 듯 빨갛게 물들어 있었어요. 피그말리온의 간절한 기도가 아프로디테의 마음을 움직여 조각상을 진짜 사람으로 만들어 준 것이었어요. 여신의 축복 속에 피그말리온은 인간이 된 여인과 부부가 되어 행복하게 살았답니다."

"휴, 아름다운 이야기로군요."

노총각 셰프가 흐뭇한 미소를 지었다. 신통도 미소를 지으며 이야기를 이어 나갔다.

"피그말리온 효과는 이 신화에서 이름을 따온 거예요. 피그말리온이 혼이 없는 조각상에 생명을 불러일으켰듯이, 우리가 무언가를 간절히 기대하면 그 기대는 반드시 현실로 이루어진다는 뜻이에요.

1963년에 미국의 심리학자 로버트 로젠탈이 실험한 게 있어요. 로젠탈은 학년 초에 샌프란시스코에 있는 한 초등학교 학생들을 대상으로 지능검사를 했어요. 그런 뒤에 지능검사 결과와는 상관없이 20퍼센트 정도 되는 학생들을 아무렇게나 골라서 그 명단을 교사들에게 주었어요. 그러면서 '이 학생들은 지능이 높을 뿐만 아니라, 앞으로도 지적 능력이 크게 향상될 것'이라고 말해 주었지요. 학년이 끝날 때쯤, 로젠탈은 이전과 똑같은 지능검사를 다시 실시했어요. 그런데 명단에 들어 있던 학생들의 지능지수가 저번 검사 때보다 훨씬 더 높게 나왔답니다. 확인해 보니 학교 성적도 크게 향상됐더래요."

"실제로 지능이 높지도 않은 학생들이었잖아요. 그런데 왜 그런 결과가 나왔을까요?"

김 셰프가 의아하다는 표정을 지었다.

"로젠탈의 말을 믿은 교사들의 기대 때문이죠. 명단에 올라 있는 학생들은 지적 능력이 높고 학업 성취의 향상 가능성이 높다고 했으니까요. 그래서 공부를 열심히 하지 않으면 격려도 하고, 잘하면 칭찬도 했겠지요. 더불어 학생들도 교사의 기대와 격려에 보답하기 위해서 열심히 공부했을 테고요."

"그렇군요. '칭찬은 고래도 춤추게 한다' 이 말이지요? 은영이에게도 칭찬을 많이 해 주면 근무를 더 잘하게 될까요?"

"예, 저는 그렇게 믿습니다. 은영이도 너무 꾸중만 듣다 보니까 오히려 긴장이 돼서 자꾸 실수를 하는 것일 수도 있잖아요? 가끔 칭찬도 받고 격려도 받으면 자신감이 생길 거예요."

"하지만 칭찬을 억지로 하는 것도 우습잖아요? 잘못을 했는데 칭찬을 할 수도 없고."

"그건 어렵겠지만 억지로라도 칭찬을 하는 것이 괜찮다고 생각해요. 이런 실험도 있었거든요. 학생들이 컴퓨터가 낸 스무고개 퀴즈를 푼 다음, 답을 맞힌 학생은 그 스무고개 프로그램에게 한 가지 질문을 할 수 있게 했어요. 그럼 컴퓨터가 그 질문 수준에 대해 평가를 내렸어요. 일부 학생들에게는 '참 좋은 질문이에요.', '이 질문은 다른 사람에게 매우 도움이 될 거예요.', '논리적 구성 능력이 아주 뛰어나시군요.' 등등으로 칭찬 일색의 평가를 했고, 다른 학생들에게는 아무런 평가도 하지 않았답니다.

실험자는 학생들에게 이런 평가들이 실은 질문의 질과는 아무 상관없이 컴퓨터가 무작위로 내보내는 것이라고 알려 주었어요. 그런데도 칭찬을 받은 학생들은 기분이 좋아서 컴퓨터의 성능이 아주 우수하다고 했답니다. 물론, 아무 평가도 받지 못한 학생들은 기분이 좋지 않았지요."

"그러니까 기계한테 칭찬을 받아도 사람들은 기분이 좋아진다, 이건가요? 허허, 거참. 노래방 기계들이 엉터리 칭찬을 해 주어도 기분 좋아지는 게 그것 때문인가?"

김 셰프가 머리를 긁적이며 자리에서 일어섰다. 저녁 손님 맞을 시간이 가까워져 있었다. 상담소 문을 열고 나가다 말고 김 셰프가 물었다.

"그런데 아까 그 효과가 무슨 효과라고 했지요? 피 말리는 효과?"

"아니, 피그말리온 효과요!"

신통이 소리를 질렀다. 김 셰프가 한 손을 들어 올리며 인사를 했다. 방통이 하하 웃었다.

"피 말리는 효과? 그거 아주 좋은데? 선생님이나 부모님이 자기한테 잔뜩 기대를 하면 그 기대에 보답하기 위해 열심히 노력하잖아? 피가 마를 일이기도 하지."

"그러게. 맞는 말이네."

신통이 알 듯 말 듯 한 표정을 지었다.

5장 · 이상야릇한 우리의 심리

피그말리온 효과

흔히 여자들은 남자들보다 수학을 못한다고 생각한다. 이 말이 사실일까? 어쨌든 대부분의 사람들이 이런 편견을 가지고 있다. 우리만 그런 게 아니라 미국 사람들도 그렇게 생각한다.

클로드 스틸이라는 미국의 심리학자가 실험을 했다. 스틸은 같은 수의 남학생과 여학생을 대상으로 수학 시험을 보게 했다. 문제가 쉬울 때는 남녀 모두 높은 점수를 받았지만 문제가 어려워지자 여성의 점수가 남성보다 떨어졌다.

다른 남성과 여성 들을 대상으로 두 번째 실험을 했다. 이번에는 문제지를 주기 전에 '이 테스트에서는 남성과 여성의 점수가 동일하게 나오는 경향이 있다.'라고 말해 주었다. 그랬더니 어려운 문제에서도 남성과 여성의 점수가 비슷하게 나왔다. 여성이 남성보다 수학을 못한다는 편견을 없앤 결과이다.

사람들은 이처럼 남이 기대하는 대로 움직이는 경향이 있다. '말이 씨가 된다.'라는 속담처럼 누군가 예언을 하면 그 예언은 신통하게도 실현이 된다. **무언가에 대한 사람들의 믿음이나 기대, 예측이 그 대상에게 그대로 실현되는 경향, 이것이 '피그말리온 효과'이다. 누군가 그렇게 예언하지 않았더라면 일어나지 않았을지도 모르는데, 예언을 함으로써 예언 자체가**

실현되기 때문에 이때의 예언을 '자기 실현적 예언'이라고 부른다.

정신과에서 치료를 받는 환자 가운데 4분의 1 정도는 불면증 치료를 받는다고 한다. 이 환자들은 '오늘 밤에 또 못 자면 어떻게 하나?'가 최대의 걱정이다. 그런데 밤이 되어 잠을 못 자게 될까 봐 걱정하면 자율신경계가 자극을 받기 때문에 실제로 잠이 안 온다. 12시를 넘어 새벽 1시가 되고 2시가 될수록 고통과 불안은 더 심해져서 뜬눈으로 밤을 새우게 된다. '오늘도 잠을 못 잘 것이다.' 이런 걱정이 자기 실현적 예언이 되는 셈이다.

자기 실현적 예언은 우리의 편견이나 고정관념을 심화시킨다. 미국의 일부 백인들은 흑인들이 게으르고 폭력적이며, 무기나 마약을 소지하고 있을 확률이 백인보다 더 높다는 편견을 갖고 있다. 그래서 흑인들은 직장을 얻을 기회가 더 적고, 경찰들에게 더 많은 검문과 체포를 당한다. 이렇게 해서 흑인들은 더 가난해지고, 가난에서 벗어나기 위해 더 많은 범죄를 저지르게 된다. 그 결과 사람들은 '역시 흑인들은 게으르고 폭력적이며 범죄를 많이 저지르는 사람들'이라는 편견을 갖게 된다. 편견의 대상이 되는 사람 입장에서 생각하면, 사람들에게 **부정적인 낙인이 찍힘으로 해서 더 나쁜 쪽으로 변해 가는 것**이다. 이러한 현상을 **'스티그마 효과'**라고 한다. **기대로 인해 긍정적인 변화가 일어나는 피그말리온 효과와는 반대되는 효과**이다.

사람은 모두 예언자의 권능을 지니고 있다. 학년 초에 처음 만나는 친구가 '착하고 친절할 것'이라고 믿고 기대하면 그 아이는 여러분의 기대에 부응하기 위해 착하고 친절하게 행동하려고 노력할 것이다. 그리고 그렇게 노력하면 실제로 착하고 친절한 친구가 되어 예언이 실현된다. 이것이 피그말리온 효과이다. 그러나 반대로 '못되고 까칠한' 아이라고 믿고 그렇게 대하면 그 아이는 실제로 그렇게 된다. 이것은 스티그마 효과이다.

우리가 이루어질 것이라고 믿으면 그것은 언젠가 현실이 된다. 긍정적인 결과를 낳고 싶으면 긍정적인 기대를 하라. 부정적인 전망을 가지면 우리는 무의식적으로 부정적인 전망을 실현하는 방향으로 나아가게 된다.

조지 버나드 쇼의 『피그말리온』과
오드리 헵번의 〈마이 페어 레이디〉 ----------

노벨상을 수상한 아일랜드의 작가 조지 버나드 쇼는 그리스 신화에서 영감을 얻어 1913년 희곡 『피그말리온』을 썼다.

언어학자 히긴스와 피커링 대령은 사투리가 매우 심한 꽃 파는 여인 일라이자를 두고 내기를 한다. 히긴스는 일라이자의 발음을 공작부인의 수준으로 바꿀 수 있다고 주장하고 피커링 대령은 불가능하다고 맞선다. 일라이자는 꽃 가게에 취직하려면 자신의 말투를 바꿀 필요가 있다는 생각에 히긴스를 찾아간다. 그녀는 히긴스의 집에 머물면서 교육을 받기로 결정한다. 몇 달이 지나고 드디어 히긴스와 피커링 대령은 내기의 승패가 걸

14살에 시작하는 처음 심리학

려 있는 대사관 파티에 일라이자를 데리고
간다. 그 파티에서 일라이자는 공작부인으
로서의 자기 역할을 완벽하게 해낸다. 그러
나 히긴스의 무자비한 교육 방식에 대해 일
라이자는 불만을 터뜨린다.

『피그말리온』은 1964년에 오드리 헵번
주연의 뮤지컬 영화 〈마이 페어 레이디〉로
만들어져 8개 부문에서 아카데미상을 받
았다.

영화 〈마이 페어 레이디〉(1964)의 포스터.

원작과 뮤지컬은 결말이 서로 다르다. 원작에서는 신화 속 피그말리온
이야기와는 달리 두 사람 사이의 사랑이 이루어지지 않는다. 그러나 뮤지
컬에서는 히긴스와 일라이자가 신화에서처럼 서로 사랑에 빠진다. 버나드
쇼는 자신을 만들어 준 주인과 사랑에 빠지는 갈라테이아가 아니라 독립
적으로 자신의 운명을 결정해 나가는 일라이자를 바랐다.

5 - ③

내가 얼마나
공을 들였는데

"어? 영원 씨가 이 시간에 웬일이에요?"

방송 드라마 현장에서 일하는 전기 기술자 영원 씨가 상담소를 방문했다. 요즘 드라마 촬영으로 한창 바쁘다는 소리를 들어서 방통이 하는 말이다. 영원 씨는 늘 쓰고 다니는 검은색 야구 모자를 벗어 소파 위에 내려놓았다. 웬만해서는 벗지 않는 모자였는데, 바깥 날씨가 덥기는 더운 모양이었다. 방통은 차가운 오미자차 한 잔을 영원 씨 앞에 내려놓았다.

"예, 촬영을 며칠 쉬게 되었어요."

영원 씨는 오미자차를 한 모금 마신 뒤 잔을 탁자에 내려놓았다.

"여주인공이 병원에 입원을 했지 뭡니까?"

"아니, 왜요?"

신통도 궁금했던지 영원 씨 앞에 앉으며 물었다.

"아, 별건 아니고요. 너무 무리했나 봐요. 감독님께서도 이참에 며칠 쉬라고 하시더라고요. 대본도 어차피 손을 좀 봐야 된다고……. 뭐, 그것 때문에 온 건 아니고요."

신통과 방통이 둘 다 궁금하다는 표정으로 영원 씨를 바라보았다.

"얼마 전부터 제가 차를 바꾸려고 알아보는 중이었어요. 제 차가 조금 낡았거든요. 이것저것 장비도 실을 겸, 이 기회에 SUV 차량으로 바꿀까 하고요. 그래서 일단 제 차부터 처분하려고 중고 시장에 알아보니까 제 차를 세상에 고작 1000만 원 쳐준다지 뭐예요. 그래서 팔까 말까 고민이에요."

"영원 씨는 얼마를 받고 싶은데요?"

"적어도 2000만 원은 받아야 되지 않을까 생각해요."

"차이가 너무 많이 나는군요."

신통이 이마에 주름을 잡은 채 물었다.

"객관적으로 볼 때, 영원 씨 차가 2000만 원의 가치가 있다고 생각하나요?"

영원 씨는 입술을 꼭 물었다가 오미자차를 한 모금 마셨다.

"글쎄요. 뭐, 객관적으로 볼 때는 그 정도 가치가 안 나갈지도 모

5장 · 이상야릇한 우리의 심리

르지요. 하지만 제가 그 차에 얼마나 정성을 쏟았는데요. 수시로 정비도 받고, 엔진오일도 자주 갈고……. 한창 일하는 중에 고장이라도 나면 큰일이거든요."

"그러다 보니 정도 들고……. 사실 다른 사람에게 팔고 싶은 마음이 없는 거 아닌가요?"

신통의 말에 영원 씨가 조금 놀라는 듯했다.

"맞아요. 그런 거 같아요. 팔고 싶은 생각은 전혀 없어요. 하지만 일도 많아지고, 그 일을 다 하려면 조수도 한 명 구해야 해서 이제 꼭 큰 차가 필요하거든요."

신통이 고개를 끄덕끄덕했다.

"하긴, 우리가 소유하고 있는 물건들은 이미 우리의 일부이기도 하지요. 영원 씨가 처음 그 차를 살 때도 아마 몹시 힘들게 샀을 거예요. 좋은 차가 무엇인지 정보를 모으고, 여기저기서 가격을 비교하고, 발품을 팔아 가장 싼 곳을 찾아가서 더 싸게 사려고 힘겹게 흥정을 했을 거예요. 힘들게 산 차이니만큼 보물단지 다루듯 조심스럽게 운전을 하고, 조금만 긁혀도 안타까워하고……. 영원 씨가 말했듯이 수시로 정비도 하면서 말이지요."

"맞아요. 그렇게 생각해 보면 한이 없지요. 이 차를 타고 다니면서 좋았던 일도 많았고, 스태프들이랑 어려운 일도 함께 겪고 해서 추억이 많은 차예요. 그런데 중고품이라고 해서 가격을 후려치니까 정말

232

14살에 시작하는 처음 심리학

가슴이 아픈 거예요. 안 팔 수만 있으면 정말이지 안 팔고 싶어요.”

신통이 이해가 간다는 듯이 다시 고개를 끄덕였다. 방통도 미소를 지었다. 자기도 그런 경험이 있다는 듯이. 신통이 말을 이었다.

“영원 씨가 말한 대로 ‘내가 소유했던 것’에 대해 내가 느끼는 가치와 다른 사람 입장에서 바라보는 가치는 크게 다를 수밖에 없어요. 중고 자동차 시장에 나란히 서 있는 수많은 자동차들과 내가 선택하여 공들이고 아끼며 사용해 온 자동차의 가치는 전혀 다르지요. 학자들은 이러한 현상을 ‘소유 효과’라고 부른답니다.

댄 애리얼리라는 미국의 경제학자이자 심리학자가 이런 실험을 했어요. 미국에서는 대학 농구 결승전이 굉장히 인기 있는 경기입니다. 입장권 구하기가 하늘의 별 따기지요. 이 표를 구하려면 며칠 전부터 매표소 밖에서 밤 새워 기다려야 합니다. 게다가 자기 차례가 되더라도 추첨을 해야 하는데, 추첨에서 떨어지면 아무리 며칠 밤을 새웠다 해도 표를 살 수가 없습니다.

애리얼리는 표를 구하지 못한 사람들에게 전화를 걸었어요. 지금이라도 표를 구할 수 있다면 얼마를 내겠느냐고 물었지요. 100명에게 물은 결과 그들이 제시한 평균 가격은 18만 원 정도였어요. 이번에는 표를 구한 사람들에게 전화를 했습니다. 어쩔 수 없이 표를 팔아야 한다면 최소한 얼마를 받아야겠느냐고 물었지요. 역시 100명에게 물었는데, 이때의 평균 가격은 무려 250만 원이었다고 해요.

5장 · 이상야릇한 우리의 심리

놀랍게도 14배나 차이가 났지요."

"그렇게나 차이가 많이 났어요?"

"예. 우리는 스스로를 합리적인 존재라고 생각합니다. 합리적인 사람이라면 어떤 물건을 사려고 할 때 자기가 지불하고자 하는 액수와, 팔려고 할 때 자기가 받고자 하는 액수가 비슷해야 할 거예요. 그런데 그렇지가 않아요. 보통 자기가 갖고 있는 물건에 대해서는 훨씬 더 높은 가치를 부여하지요. 앞서 말씀드린 실험에서처럼 우리는 그리 합리적인 존재가 아닌 거지요."

"그건 저도 마찬가지예요. 사실 제가 똑같은 종류의 중고차를 사야 한다면 2000만 원은 비싸다고 생각할 거예요."

신통이 미소를 지었다.

"이런 얘기도 있어요. 어떤 와인 애호가가 한 병에 5,500원씩 하는 와인 한 상자를 샀어요. 몇 년 뒤, 어떤 상인이 한 병에 10만 원씩 쳐주겠다면서 이 와인을 팔라고 했어요. 그런데 이 와인 애호가는 팔지 않았다고 해요. 자기는 평생 와인 한 병에 4만 원 이상 지불한 적이 없으면서도요. 자기가 소유한 물건에 대해서는 매우 높은 가치를 부과하는 소유 효과의 좋은 예이지요.

이런 소유 효과를 잘 이용하는 사람들이 바로 광고업계 사람들입니다. 보통 체험 이벤트라고 해서 상품을 일단 써 보고 마음에 안 들면 아무 조건 없이 반품하라고 광고를 하잖아요. 예전에 어떤 김치냉장고 회사는 자기 회사 제품을 3개월간 무료로 사용해 보고 마음에 들면 구매하라는 이벤트를 했어요. 3개월간 써 보고 그냥 반품하는 사람들이 많을 거라는 우려가 있었지만 결과는 100퍼센트 구매로 이어졌답니다. 마케팅은 대성공을 했고, 별로 유명하지 않았던 그 가전제품 회사가 지금은 유명 회사가 되었지요."

영원 씨가 미심쩍다는 표정을 지었다.

"그거야 그 김치냉장고 품질이 좋아서 그런 거 아닐까요?"

"그럴지도 모르지요. 그러나 이벤트에 참가했던 소비자 100퍼센트가 모두 그 김치냉장고를 구매했다는 것은 품질이 좋다는 것만으로는 설명하기 힘들지 않을까요? 영원 씨가 그랬던 것처럼 김치냉장고의 소비자들도 김치냉장고에 익숙해지고, 그만큼 정이 들었을 거고, 그래서 반품하기가 아까웠을 거예요."

"뭐, 일부는 3개월이나 쓰고 반품하기가 민망해서 그랬을 수도 있겠지."

방통이 까칠하게 한마디 했다.

"맞아. 그것도 소유 효과의 일부라고 할 수 있어. 사람은 자기가 선택한 일에 대해 비판받는 것을 바라지 않거든. 3개월 동안 자기 손때가 묻은 제품을 반품한다는 것은 자기가 품질도 좋지 않은 상품을 3개월 동안이나 사용했다는 말이 되니까. 자기가 사용했던 제품은 그만큼 품질이 좋아서 사용한 것이라고 주장하고, 나아가 품질이 좋다고 믿기까지 하는 것, 이것이 바로 소유 효과예요."

"결국 저는 소유 효과 때문에 제가 쓰던 자동차의 가치를 실제보다 더 높게 평가하는 것이군요. 자동차에 대한 애착 때문에 그만큼 값을 높게 매긴 것이라는 말이지요?"

신통과 방통이 동시에 고개를 끄덕끄덕했다.

"그러나 물건에 대한 애착만으로 소유 효과를 모두 설명할 수 있는 것은 아니에요. 2008년에 브라이언 넛슨이라는 미국의 심리학자는 남녀 24명의 뇌를 관찰했어요. 그 결과, 손실에 대한 두려움이 소유 효과의 핵심 요인임을 밝혀냈지요. 다시 말해, 자기가 아끼는 물건에 대한 애착 때문에 소유 효과가 생기는 것이 아니라, 자신의 소유물을 남에게 넘기는 것을 손실로 여기는 심리 때문에 소유 효과가 생긴다는 거지요. 때때로 우리는 자기 소유물이 아닌 것에 대해서도 소유 효과에 빠질 때가 있답니다. 예를 들어 백화점을 둘러보다 살까 말까 망설여지는 티셔츠가 있었는데, 남이 먼저 사 가 버리면 속이 쓰리잖아요. 이것도 바로 소유 효과 때문이지요."

"한마디로 남 주기 아깝다는 거네요? 맞아요. 지금 내 마음이 그렇다니까요. 정말 정이 많이 들었는데……."

신통은 깍지 낀 손을 뒤통수에 얹었다.

"하지만 물건에 너무 집착하는 것은 좋지 않다고 생각해요. 소유 효과에 빠져서 더 좋은 물건을 놓칠 수도 있으니까요. 물건보다는 우리 주변의 소중한 사람들에게 더 정성을 쏟고 더 공을 들이는 것이 낫지 않을까요?"

영원 씨가 고개를 끄덕끄덕했다. 그러고는 옆에 벗어 두었던 야구 모자를 들고 한참을 바라보았다. 소중한 사람들을 생각하는 것인지, 야구 모자에 얽힌 추억을 되짚어 보는 것인지, 신통은 묻지 않았다.

소유 효과

___

1990년에 대니얼 카너먼이라는 미국의 심리학자 겸 경제학자가 '머그컵 실험'을 했다. 카너먼은 한 그룹의 학생들에게 학교 로고가 새겨진 머그컵을 나누어 주었다. 그런 다음 이 머그컵을 다른 사람에게 판다고 치면 얼마에 팔겠느냐고 물었다. 학생들은 평균 7달러에 팔겠다고 했다. 다른 그룹의 학생들에게는 그 머그컵을 사려면 얼마를 낼 생각이냐고 물었다. 이 학생들은 3달러를 제시했다. 머그컵을 가진 학생들은 단지 몇 분간 머그컵을 만졌을 뿐인데도 두 배 이상 높게 가치를 책정한 것이다. 그 가운데 많게는 16.5배 정도 더 높게 가치를 책정한 학생도 있었다. 경제학에서 흔히 상정하는 합리적인 소비자라면, 물건을 살 때 지불하고 싶은 금액과 소유한 물건을 팔 때 받고 싶은 금액이 일치하거나 최소한 비슷해야 할 것이다. 그러나 실제로는 후자가 전자보다 훨씬 더 큰 게 보통이다. 이처럼 **소유하고 있는 물건을 소유하지 않을 때보다 더 가치 있는 물건으로 느끼는 것, 이것을 '소유 효과'**라고 한다.

집값은 언제나 가장 주목받는 경제 화두 중 하나다. 정 들이고 보수비도 많이 들인 내 집을 내놓은 집주인 입장에서는 집값이 너무 낮게 형성되어 있는 것 같다. 집을 사려는 사람들은 집을 사려는 사람대로 낡은 집을 저렇게 비싼 값에 팔려 하다니, 도둑놈 심보 아니냐고 욕할 수 있다. 이것이 소유 효과이다.

자기가 가지고 있던 물건을 팔려고 내놓으면 늘 손해 보는 느낌이 든다. 그리고 우리는 손해 보는 것을 죽어라 싫어한다. 차라리 이익을 포기하고 말지 손해는 안 보려 든다. 그래서 가지고 있는 물건은 실제 가격보다 늘 더 비싸 보인다.

소유 효과는 자기 것이 아니라 자기 것이 될 뻔한 물건에도 발휘된다. 경매에 참가해서 그림 한 점 사려는 사람을 가정해 보자. 경매가를 부를 때마다 그 그림이 이미 자신의 것이 된 듯한 착각이 든다. 그러다 상대가 더 높은 경매가를 외치면 손해를 본 것 같아 참을 수가 없다. 그래서 더 높은 경매가를 불러 그 그림을 산다. 때로는 그림의 실제 가치보다 훨씬 더 비싼 값을 치르기도 한다. 이른바 '승자의 저주'에 빠지는 것이다.

소유 효과는 우리가 지나치게 물건에 얽매인 나머지 빠지게 되는 비합리적인 효과이다. 아끼는 물건에 대한 애착이라기보다는 자신의 소유물을 남에게 넘기는 것을 손해라고 생각하는 심리이기도 하다. 한마디로 남 주기 아깝다는 것이다.

버리자니 아까운
'계륵' ---

  중국의 고전 『삼국지』의 한 대목. 세력을 넓혀 가던 유비가 조조의 땅 한중을 빼앗아 버렸다. 화가 난 조조는 즉시 대군을 이끌고 유비를 치러 나섰다. 그러나 유비의 군사들은 험악한 지형을 이용해서 조조군을 물리치고, 한 술 더 떠 조조 군대의 식량 보급로를 막아 버렸다. 식량이 떨어지면 조조와 군사들은 밥을 굶을 판이었다.

  한중을 포기하고 돌아가느냐 마느냐. 조조는 판단이 서지 않았다. 화가 난다고 준비도 없이 달려 나온 것이 한편으로는 후회스럽기도 했다.

  그러던 어느 날, 저녁밥으로 닭의 갈비 부위로 끓인 국이 나왔다. 별로 먹잘 것이 없는 닭갈비를 보고 조조가 이렇게나 식량이 없나 하고 생각하고 있을 때, 한 장수가 들어와서 물었다.

  "오늘 밤 암호를 무엇으로 하면 좋겠습니까?"

  조조는 물끄러미 닭갈비 국을 바라보다가 대답했다.

  "'계륵'으로 하라."

  '계륵'이란 닭의 갈비란 뜻이다.

  암호를 전달받은 양수가 갑자기 부하들에게 짐을 꾸리라고 했다. 이상하게 여긴 주위의 장수들이 까닭을 묻자 양수가 말했다.

  "먹자니 먹을 게 별로 없고 버리자니 아까운 것이 닭갈비 아니오. 왕께

14살에 시작하는 처음 심리학

서 계륵이라고 하신 것은 한중 땅이 닭갈비 같은 땅이라는 뜻이오. 그러니 곧 군사를 돌리라고 하실 것이오."

이 이야기에서 비롯된 '계륵'이란 말은 '별 소용은 없지만 그냥 버리기도 아까운 경우'에 쓰는 말이 되었다. 어떤 일이나 물건이 '계륵'이 되는 것은 **'남 주기 싫은 마음', '손해를 보기 싫은 마음'**이 작용하기 때문이다. 바로 소유 효과의 한 모습이다.

5 - ④

에이, 다음부터 하지, 뭐!

오늘은 심통 클럽 모임이 있는 날. 신통이 교실에 들어서자 교실 분위기가 조금 이상하다. 평소 같으면 잡담을 하느라 소란스러울 텐데 오늘은 뭔가 달랐다. 민서와 훈이만 느긋하게 휴대폰으로 웹서핑을 했고, 다른 아이들은 참고서를 펴 들고 뭔가를 열심히 베꼈다. 신통이 인사를 하는데도 건성으로 답하면서 그제야 참고서를 덮었다.

"뭘 그리 열심히 하니?"

신통은 늘 뭔가에 쫓기듯 바쁜 현이에게 물었다.

"예? 아, 숙제하는 거예요."

"무슨 숙제길래 그렇게 바삐 하는 거야?"

"사회 숙젠데요, 밀려서 지금 하는 거예요."

신통은 무슨 말인지 몰라 민서를 보았다.

"3주 전에 사회 선생님이 세 가지 숙제를 한꺼번에 내 주셨어요. 저는 일주일에 하나씩 해서 이제 하나만 하면 다 해요."

"훈이도 거의 다 했니?"

"예, 저는 다 했어요. 일주일에 하나씩. 원래 선생님이 일주일에 하나씩 하는 것이 좋을 거라고 하셨거든요. 저는 마지막 숙제를 조금 전에 끝냈답니다."

신통은 '과연 훈이답네.' 하는 표정으로 고개를 끄덕였다. 그러고는 현이와 다른 친구들에게 물어보았다.

"너희들은 하나도 안 했나 보지? 왜 이제야 하니?"

"선생님께서 숙제를 내 주실 때, 마지막 주에 세 가지 숙제를 한꺼번에 내도 좋다고 하셨거든요. 그래서 놀다가…… 히히."

"저도요. 저는 일주일이면 세 가지 숙제를 다 할 수 있을 거라고 생각했거든요."

똘이도 한마디 보탰다. 다른 아이들도 현이나 똘이랑 마찬가지라는 듯이 씩 웃으며 뒤통수를 긁었다. 신통은 하하 웃었다.

"사회 선생님께서 너희들에게 심리학 실험을 해 보시고 싶었나 보네. 그러니까, 다른 재미난 일을 하다가 숙제를 자꾸 미루었다는 거지? 좋아. 그럼, 우리도 실험을 한번 해 볼까?"

신통은 칠판에 뭔가를 썼다.

〈어벤져스〉, 〈인사이드 아웃〉, 〈국제 시장〉, 〈쥬라기 월드〉,

〈쉰들러 리스트〉, 〈내 친구의 집은 어디인가〉

"자, 이게 무슨 목록인지는 다들 알 거야. 그렇지?"

"영화잖아요."

"그런데 〈내 친구의 집은 어디인가〉도 영화 제목인가요? 텔레비전 프로그램 제목인 것 같은데……."

"텔레비전 프로그램도 있지만, 이란 영화 제목이기도 해. 초등학교 아이들이 주인공인데, 숙제에 관한 영화지. 그래서 여기에 일부러 넣으신 건가요?"

영화를 좋아하는 엽이가 신통했다.

"후후, 영화 마니아 엽이가 잘 아는구나. 로카르노 영화제에서 상을 받은 나름 유명한 영화란다. 너희들도 보면 아주 재미있어할 거야."

"그런데 무슨 실험을 하는 건가요?"

용이가 물었다.

"오늘부터 하루에 한 편씩 영화를 본다고 가정하고 이 가운데 세 편을 골라 보자. 첫째 날에는 무엇을 보고, 둘째 날, 셋째 날에는 무

244

14살에 시작하는 처음 심리학

엇을 볼지 고르는 거야."

아이들은 고개를 갸우뚱하며 칠판을 열심히 노려보았다. 그러고는 신통이 나누어 준 종이에 영화 제목들을 써넣었다. 잠시 후, 신통은 종이를 걷어서 살펴보았다.

"어디 보자. 〈어벤져스〉를 쓴 사람이 일곱 명, 〈쥬라기 월드〉를 쓴 사람이 다섯 명, 〈쉰들러 리스트〉를 쓴 사람이 다섯 명, 〈쉰들러 리스트〉를 보겠다는 사람이 절반이나 되는걸. 이유가 뭘까?"

"유명한 영화잖아요?"

"상도 많이 받고 아주 감동적인 영화로, 느낄 점도 많다고 들었어요."

"그래. 좋은 영화는 꼭 봐 두어야 한다는 생각인 거지? 그럼, 첫째 날에 볼 영화로는 뭐가 제일 인기가 좋은가? 〈어벤져스〉가 두 명, 〈쥬라기 월드〉가 두 명, 〈인사이드 아웃〉이 두 명, 〈국제 시장〉, 〈내 친구의 집은 어디인가〉, 〈쉰들러 리스트〉가 각각 한 명이네. 역시 진지한 영화가 인기가 없구먼."

이번에는 신통이 다른 주문을 했다.

"그럼 이번에는 영화 세 편을 하루에 연속으로 봐야 한다고 가정해 보자. 그럼 어떤 영화를 볼지 제목을 써 볼래?"

"예? 연속으로요?"

"그렇다면 이야기가 달라지는데……."

아이들은 다시 이마에 주름을 잡았다. 그래도 금세 목록 작성이 끝났고, 신통이 결과를 발표했다.

"엥? 〈어벤져스〉가 일곱 명, 〈쥬라기 월드〉가 여섯 명으로 바뀌었네? 〈쉰들러 리스트〉는 한 명밖에 없는데? 아하, 지금 당장 영화 세 편을 본다면 단연 액션 영화를 보고 싶다, 이거지? 왜 이런 답을 했니?"

"〈쉰들러 리스트〉는 천천히 봐도 되잖아요?"

"당장 보려면 신나는 영화가 좋을 거 같아서요."

신통은 고개를 크게 끄덕였다.

"나라도 그럴 거 같아. 이 실험을 통해 우리가 알 수 있는 사실은 뭘까?"

아이들이 궁금해하는 표정을 지었다.

"다른 예를 들어 볼까? 뚱이한테 물어볼게."

먹성 좋은 뚱이는 몸무게 때문에 늘 고민이다. 올해 초부터 다이어트를 하겠다고 주위에 큰소리를 쳐 놓았지만, 제대로 하는 것 같지는 않았다.

"일주일 후에 우리가 만나서 식당에 간다고 치자. 한 식당은 다이어트 식단을 운영하는 채식 식당이고, 또 하나는 패밀리 레스토랑이야. 어디로 가고 싶니?"

뚱이는 별로 망설이지 않고 대답했다.

"당연히 채식 식당이지요. 저는 다이어트 중이잖아요."

친구들이 피식하고 웃었다. 하지만 신통은 진지한 얼굴로 말했다.

"응, 그럴 거야. 그럼, 지금 눈앞에 딸기와 햄버거가 있다고 치자. 너는 어떤 것을 먹겠니, 솔직하게?"

뚱이는 머뭇거리다 말했다.

"햄버거를 먹을 거 같아요."

"고맙다, 솔직히 말해 줘서. 아까 너희들이 영화를 고른 것은 방금 뚱이가 음식을 고른 방식과 비슷해. 뚱이가 당장은 패스트푸드를 먹고 그다음에 채식을 하겠다고 하는 것처럼, 일단 액션 영화를 본 후에 작품성 있는 영화를 보겠다고 했잖아. 이와 같이 우리는 계획을 세울 때는 천사처럼 몸에 좋은 음식을 먹겠다고 다짐하지만, 막상 그때가 닥치면 맛이 좋은 음식을 택하기 일쑤지. 다시 말해 지금 원하는 것과 나중에 원하는 것이 서로 다르단다. 뚱이가 지금은 일주일 후에 채식 식당에 가고 싶다고 하지만, 막상 그날이 되면 어느 식당에 가 있을까?"

아이들이 입을 모아 큰 소리로 답했다.

"패밀리 레스토랑요!"

민서가 손을 들었다.

"그런데 이것과 저희 사회 숙제와는 무슨 상관이 있나요?"

"아, 좋은 질문이야. 너희들 대다수가 숙제를 미루다 지금에야 낑

껑대며 몰아서 숙제를 하고 있잖아. 아마 처음에는 숙제를 해야지, 하고 생각했을 거야. 그러다 막상 숙제를 해야 할 순간이 오면 매번 놀기를 선택한 거지.

이렇게 뭔가를 미루는 습관은 우리 생활 곳곳에서 드러나지. 어른들도 마찬가지야. 건강검진을 받아야 하는데 미루고 있고, 운동을 한다면서도 헬스클럽에 가는 것을 미루고, 빨래는 그때그때 하기로 결심하고도 결국 주말에서야 밀린 빨래를 하느라 시간을 다 보내게 되지. 시간 관리를 못 하는 것이 문제가 아니라, 우리 머릿속에서 일어나는 현재의 나와 미래의 나 사이의 싸움에서 지기 때문이야."

"그럼 미루는 습관을 버리려면 어떻게 해야 하나요?"

"너희들 중에 두 명은 이미 답을 알고 있는 거 같은데?"

"일주일에 하나씩 숙제를 한 아이들 말이지요?"

"그래. 해야 하는 일인데도 하기 싫기 때문에 자꾸 미루는 것을 '지연 행동'이라고 불러. 지연 행동이 나타나는 것은 노력과 결과 사이에 너무 많은 시간이 걸리기 때문이야. 운동을 해서 살을 뺀다든지, 공부를 해서 성적을 올린다든지 하는 것을 생각해 보면 알 거야. 이 간격을 메우려면 상당한 의지가 필요하지. 그래서 첫 번째, 자기 의지를 자기가 하려는 일에만 집중하는 게 현명한 일이야. 휴식을 취한답시고 휴대폰을 만지작대다가는 정작 공부할 에너지가 남지 않게 된다, 이 말이야. 두 번째는 관심을 다른 데로 돌리는 것을 차단

해야 해. 이건 모두 잘 알 거야. 공부를 제대로 하려면 도서관에 가든지 해야지. 텔레비전을 틀어 놓고, 음악을 들으면서, 휴대폰을 이따금 체크하면서 공부한다는 것, 그것은 불가능한 일이지. 세 번째, 너희 사회 선생님의 충고를 따를 것. 다시 말해 뭔가를 할 때, 기한을 정해 놓고 하는 방법이야. 일주일에 하나씩 숙제를 하는 방법이지. 나중에 몰아서 한꺼번에 하겠다는 계획만큼 어리석은 계획은 없어. 자기 스스로 기한을 정하는 것보다 다른 사람이 정해 준 기한이 더 무서운 법인데, 미리 주변 사람에게 큰소리로 약속을 해 놓는 것도 좋은 방법이겠지."

"저희 숙제하기 전에 말씀 좀 해 주시지. 3주 전에."

아이들이 볼멘소리를 했다. 신통이 아이들을 흘겨보았다.

"나한테 미리 물어보지 그랬어?"

만족 지연과 지연 행동

　월터 미셸이라는 미국 스탠퍼드 대학교 심리학 교수가 대학 부설 유치원에 다니는 네 살배기 아이들 653명을 대상으로 실험을 했다. 실험 진행자는 아이들에게 마시멜로를 하나씩 주며 말한다. "선생님이 돌아올 때까지 이 마시멜로를 먹지 않으면 상으로 한 개를 더 줄게."

　실험 진행자는 아이와 마시멜로만 남겨 두고 방 밖으로 나간다. 이제 겨우 네 살밖에 안 된 아이들에게 말랑말랑하고 달콤한 마시멜로를 안 먹는 것, 다시 말해 만족을 지연시키는 것은 매우 어려운 일이다. 몇몇은 참지 못하고 먹어 치웠고, 몇몇은 끝까지 기다려 상을 받았다. 15분을 기다려 마시멜로 두 개를 먹은 아이들은 전체의 30퍼센트였다.

　14년 후, 미셸은 실험에 참가했던 아이들을 추적해 보았다. 그리고 놀라운 결과를 얻었다. 만족을 지연했던 아이들과 그러지 못했던 아이들 사이의 대학수학능력시험 점수 차이는 1,800점 만점에서 무려 210점이었다. 이후의 연구 결과를 보면, 참지 못하고 마시멜로를 먹어 버린 아이들은 어른이 되었을 때 비만이나 약물중독, 사회 부적응 등의 문제를 가지고 있는 경우가 많았다.

　아이들이니까 참지 못한 것일까? 하지만 어른도 별로 다르지 않다. "12개월 후에 100만 원을 받을래, 아니면 13개월 후에 110만 원을 받을래?" 하고 물어보면 13개월 후에 110만 원을 받겠다고 한다. 하지만 똑같은 사람들에게 "오늘 100만 원을 받을래, 아니면 한 달 후에 110만 원을 받을래?" 하고 물어보면 대다수의 사람들이 오늘 100만 원을 받겠다고 한다. 똑같이 한 달 뒤에 10만 원을 더 받는 것인데도 사람들은 지금 당장 만족하기를 원한다. 그래서 기꺼이 10만 원을 손해 본다.

지연 행동은 지금 당장 만족하고자 하는 욕구 때문에 나타난다. 꼭 해야 하는 일이라도 당장에 만족을 주지 못하는 귀찮고 힘든 일은 '나중에 하지, 뭐.' 하면서 미루고 만다. 그래서 외국어 공부에 실패하고 꾸준히 운동하는 데에 실패한다. 그러고는 '다음에는 꼭 해야지.' 하면서 또다시 정교하고 치밀한 계획을 세운다. 그러나 미래의 나는 지금과 다를까? 미래의 나는 눈앞에 있는 마시멜로를 참아 낼 수 있을까? 그때 가면 지금과 달리 어떠한 유혹도 나타나지 않을까?

살아간다는 것은 끊임없이 선택하는 일이기도 하다. 당장 눈앞에 있는 마시멜로를 먹을지 아니면 꾹 참고 견뎌 낼지, 계속해서 마시멜로 실험에 참가하는 일이다. 잊지 말자. 참고 기다리면 마시멜로가 하나 더 주어진다는 것을. 그리고 참고 기다렸다가 마시멜로 하나를 더 먹은 그 아이들의 미래가 어떠했는지를.

인생을 바꿔 줄 30초,
『마시멜로 이야기』·····························

　호아킴 데 포사다가 쓴 우화 『마시멜로 이
야기』의 주인공은 유년 시절에 스탠퍼드 마
시멜로 실험에 참가한 경험이 있는 억만장자
조너선과 조너선의 리무진을 모는 운전기사
아서다. 어느 날 우연히 조너선으로부터 마
시멜로 실험 이야기를 듣게 된 아서는 새로
운 삶에 눈을 뜬다. 조너선의 성공을 그저 부
러운 눈으로만 바라보았던 아서는 오늘의 달
콤한 만족 대신 내일의 성공을 향해 첫발을
내딛게 된다.

호아킴 데 포사다, 엘렌 싱어, 공경희
옮김, 『**마시멜로 이야기**』(원본 완역), 21세
기북스, 2016.

　"이보게, 아서. 유혹에 빠지는 사람들은 성공에 눈이 먼 사람들일세. 성
공에 눈뜬 사람들만이 유혹을 즐겁게 극복할 수 있다네!"

　책에는 마시멜로 실험을 비롯하여 순간의 선택이 얼마나 중요한지를 알
려 주는 몇 가지 사례가 등장한다. 100만 달러를 한꺼번에 받는 것과 1달
러에서 시작해 30일 동안 날마다 금액을 두 배로 늘려 받는 것 중에서 어
느 쪽을 선택할 것인가? 후자의 경우 5억 달러 이상이 됨에도 불구하고
운전기사는 전자를 선택한다. 결정의 순간을 맞이할 때마다 30초만 더 자

기 자신에게 겸허하게 물어보라는 '30초 규칙'을 받아들이면, 그 30초에 인생이 송두리째 바뀔 수 있다고 이 책은 말한다.

  마시멜로 실험을 소재로, 유혹을 즐겁게 이겨 내야 성공할 수 있다고 가르치는 이 이야기는 우리나라 독자들에게도 큰 인기를 끌어 2006년 한 해에 350만 부 이상 팔려 나갔다.

"신통아, 이리 와서 앉아."

마지막 의뢰인을 배웅하고 돌아서는 신통을 향해 방통이 말했다. 신통이 소파에 앉자 방통은 노란빛이 나는 칵테일을 신통 앞에 내려 놓았다. 그러고는 자기도 같은 칵테일을 들고 맞은편에 앉았다.

"응? 웬일이야? 나한테 칵테일을 다 권하고?"

신통은 한 모금 홀짝하더니 인상을 찌푸렸다.

"야, 이거 되게 시다. 무슨 칵테일이야?"

방통이 씩 웃으면서 대답했다.

"XYZ. 마감과 새로운 시작을 의미하는 칵테일이지. 알파벳 끝자 리들이잖아."

"뭘 마감하는데?"

신통은 칵테일 잔을 다시 입으로 가져갔다. 입에 닿기도 전에 인 상부터 썼다.

"모르겠니? 오늘이 우리가 상담소 문을 연 지 딱 1년 되는 날이야."

신통이 눈을 크게 떴다. 그러고는 달력을 쳐다봤다.

"아, 그렇구나. 벌써 그렇게 됐네."

둘은 잠시 아무 말 없이 칵테일만 홀짝거렸다. 방통이 불쑥 말을 꺼냈다.

"한 해 동안 수고 많았다."

"수고는 무슨…… 네가 고생했지. 상담소 살림하느라."

"아니야. 재미있었어. 배운 것도 많았고. 실제로 의뢰인들을 만나 보니 학교에서 배운 거하고는 조금 다르더라고. 어쨌든 사람에 대해서 더 잘 이해하게 된 것 같아. 보람 있는 한 해였어."

"맞아. 나도 배운 게 많아. 그런데 나는……."

신통이 말을 하다 말았다. 방통이 궁금한 표정으로 신통을 물끄러미 바라보았다. 신통은 칵테일 잔을 만지작거리다가 말을 이었다.

"나는 내가 사람을 잘 이해할 수 있다고 믿었어. 사실 의뢰인의 이야기를 듣고, 그것을 내가 가진 지식에 비추어 보면 이해가 안 될 것도 없었지. 사람들이 왜 그런 이상한 행동들을 하는지 분석하는 것도 그리 어렵지 않았고. 그래서 나는 사람들을 변화시킬 수 있다고 믿었지."

"그랬지. 그래서 대부분의 의뢰인들이 상담 결과에 대해 만족하고 돌아갔잖아?"

신통이 한숨을 푸 내쉬었다.

"정말 그랬을까? 정말 사람들이 내 조언을 듣고 스스로 변화했을까? 그건 아니라는 생각이 더 많이 들어. 사람들은 내 말에 수긍을 하더라도 내 조언을 가슴으로 깊이 받아들이지는 않는 것 같아. 그리고 그것은 내가 사람들을 분석하고 잘못을 지적하는 데만 너무 집착했기 때문인 거 같아."

방통이 고개를 갸우뚱했다.

"그게 무슨 소리야? 이해하고 분석하고 조언하는 것이 우리의 일이잖아?"

"맞아. 하지만 그것만으로는 부족하다는 생각이 들어. 우리가 의뢰인을 분석하고 조언한다고는 하지만 그것은 한편으로 '당신 생각은 틀렸다, 당신은 잘못 행동했다'라고 말하는 것과 마찬가지잖아. 곧장 순순히 자신의 잘못을 인정하기란 쉽지 않을 테고, 따라서 진정한 변화를 가져오기는 어렵지 않을까?"

방통이 고개를 끄덕끄덕하더니 신통에게 물었다.

"그럼 어떻게 해야 좋을까?"

신통이 고개를 저었다.

"아직은 잘 모르겠어. 다만, 섣불리 조언하고 해결책을 찾기보다 그들의 마음과 생각을 인정하고 받아들이는 것이 먼저라는 생각이 들어. 심리학이란 사람을 이해하는 학문이라고 믿어 왔는데, 사람을 제대로 이해하려면 먼저 그 사람에 대해 애정을 가져야 하지 않을까

하는 생각이 든다는 거지."

방통은 깊이 한숨을 내쉬었다.

"그렇구나. 결국 심리학이란 사람을 사랑하는 법을 배우는 학문이라는 뜻이네."

둘은 씩 웃으며 서로 칵테일 잔을 부딪쳤다. 쩽하는 경쾌한 소리가 났다. 그때, 상담소 문이 열리더니 똘이와 슬기가 들어왔다.

"삼촌, 슬기 누나 좀 혼내 줘!"

슬기를 피해 다가오는 똘이를 신통은 두 팔로 꼭 껴안았다. 슬기가 소리를 질렀다.

"저게 그래도 제가 잘했다고!"

그러자 방통도 슬기를 두 팔로 꼭 안아 주었다. 똘이와 슬기는 영문을 몰라 '무슨 일이야?' 하는 표정을 지으며 서로 마주 보았다.

참고 문헌

이소라, 『그림으로 읽는 生生 심리학』, 이밥차, 2008.

강현식, 『꼭 알고 싶은 심리학의 모든 것』, 소울메이트, 2010.

강준만, 『감정 독재』, 인물과사상사, 2013.

리처드 와이즈먼, 한창호 옮김, 『괴짜 심리학』, 와이즈베리, 2014.

실뱅 들루베, 문신원 옮김, 『당신의 이성을 마비시키는 그럴듯한 착각들』, 지식채널, 2013.

노리나 허츠, 이은경 옮김, 『누가 내 생각을 움직이는가』, 비니지스북스, 2014.

더글라스 무크, 진성록 옮김, 『당신의 고정관념을 깨뜨릴 심리실험 45가지』, 부글북스, 2007.

샘 소머스, 임현경 옮김, 『무엇이 우리의 선택을 좌우하는가』, 청림출판, 2013.

크리스토퍼 차브리스 · 대니얼 사이먼스, 김명철 옮김, 『보이지 않는 고릴라』, 김영사, 2011.

우에키 리에, 이소담 옮김, 『불가사의 심리학』, 스카이출판사, 2013.

카네만 · 슬로빅 · 트발스키, 이영애 옮김, 『불확실한 상황에서의 판단』, 아카넷, 2010.

스튜어트 서덜랜드, 이세진 옮김, 『비합리성의 심리학』, 교양인, 2014.

정성훈, 『사람을 움직이는 100가지 심리법칙』, 케이앤제이, 2011.

자카리 쇼어, 임옥희 옮김, 『생각의 함정』, 에코의서재, 2009.

로버트 치알디니 · 노아 골드스타인 · 스티브 마틴, 김은령 · 윤미나 · 김호 · 황혜숙 옮김, 『설득의 심리학 1,
2, 3』, 21세기북스, 2013.

롤프 도벨리, 두행숙 옮김, 『스마트한 생각들』, 걷는나무, 2012.

롤프 도벨리, 두행숙 옮김, 『스마트한 선택들』, 걷는나무, 2013.

마테오 모테를리니, 이현경 옮김, 『심리상식사전』, 웅진지식하우스, 2009.

세르주 시코티, 윤미연 옮김, 『내 마음속 1인치를 찾는 심리실험 150』, 궁리, 2006.

폴커 키츠 · 마누엘 투쉬, 김희상 옮김, 『심리학 나 좀 구해줘』, 갤리온, 2013.

장근영, 『심리학 오디세이』, 예담, 2009.

애드리언 펀햄, 오혜경 옮김, 『심리학, 즐거운 발견』, 북로드, 2010.

수잰 코킨, 이민아 옮김, 『어제가 없는 남자, HM의 기억』, 알마, 2014.

로버트 J. 스턴버그, 이영진·방영호 옮김, 『왜 똑똑한 사람이 멍청한 짓을 할까』, 21세기북스, 2009.

알렉스 보즈, 김명주 옮김, 『위험한 호기심』, 한겨레출판, 2008.

박지영, 『유쾌한 심리학』, 신영북스, 2010.

스콧 릴리언펠드·스티븐 제이 린·존 루시오·배리 베이어스타인, 문희경·유지연 옮김, 『유혹하는 심리학』, 타임북스, 2010.

EBS 〈인간의 두 얼굴〉 제작팀, 『인간의 두 얼굴 : 내면의 진실』, 지식채널, 2010.

EBS 〈인간의 두 얼굴〉 제작팀, 『인간의 두 얼굴 : 외부 조종자』, 지식채널, 2010.

데이비드 맥레이니, 박인균 옮김, 『착각의 심리학』, 추수밭, 2012.

유정식 『착각하는 CEO』, 알에이치코리아, 2013.

김서윤, 『토요일의 심리 클럽』, 창비, 2011.

요헨 마이·다니엘 레티히, 오공훈 옮김, 『현실주의자의 심리학 산책』, 지식갤러리, 2012.

사진 및 도판 제공

44쪽 힐러리 클린턴 ⓒ Gage Skidmore

81쪽 시드니 오페라하우스 ⓒ Not Tarts

93쪽 〈찰스 램의 초상〉 ⓒ National Portrait Gallery

105쪽 골키퍼 ⓒ Pechblaende

129쪽 칼 아돌프 아이히만 ⓒ Israel Government Press Office

217쪽 피니어스 테일러 바넘 ⓒ Harvard Library